A Volta ao Mundo *em* 80 Vinhos

*Vivendo experiências
inesquecíveis
e conhecendo grandes vinhos,
país por país*

MIKE VESETH
A Volta ao Mundo *em* 80 Vinhos

Tradução
Clóvis Marques

Rio de Janeiro, 2024
1ª Edição

Copyright © 2018 by Mike Veseth.
Publicado mediante contrato com Rowman & Littlefield Publishing Group, Inc.

TÍTULO ORIGINAL
Around the World in Eighty Wines

CAPA
Raul Fernandes

DIAGRAMAÇÃO
Fátima Affonso / FQuatro Diagramação

Impresso no Brasil
Printed in Brazil
2024

CIP-BRASIL. CATALOGAÇÃO NA PUBLICAÇÃO
SINDICATO NACIONAL DOS EDITORES DE LIVROS, RJ
GABRIELA FARAY FERREIRA LOPES - BIBLIOTECÁRIA - CRB-7/6643

V648v

Veseth, Mike
  A volta ao mundo em 80 vinhos / Mike Veseth; tradução Clóvis Marques. - 1. ed. - Rio de Janeiro: Valentina, 2024.
  224p.; 23 cm.

Tradução de: Around the world in eighty wines
ISBN 978-65-88490-77-8

1. Vinho e vinificação - História. 2. Vinícolas - Viagens.
I. Marques, Clóvis. II. Título.

24-91837

CDD: 641.2209
CDU: 641.87(09)(81)

Todos os livros da Editora Valentina estão em conformidade com
o novo Acordo Ortográfico da Língua Portuguesa.

Todos os direitos desta edição reservados à

EDITORA VALENTINA
Rua Santa Clara 50/1107 – Copacabana
Rio de Janeiro – 22041-012
Tel/Fax: (21) 3208-8777
www.editoravalentina.com.br

Sumário

Parte I: DE LONDRES A BEIRUTE — 7

1 Londres: Feito o Desafio, Tem Início a Jornada — 9
2 França: Qual Garrafa? Qual Vinho? — 17
3 Itália: O Teorema da Impossibilidade de Batali — 29
4 Síria, Líbano e Geórgia: As Guerras do Vinho — 41

Parte II: CONTORNANDO O CABO — 55

5 Espanha: El Clásico — 57
6 Portugal: Um Porto na Tempestade — 67
7 Entre Dois Amores — 79
8 Índia e Além: Novas Latitudes, Novas Atitudes — 89

Parte III: ALTOS E BAIXOS — 101

9 Xangri-lá — 103
10 Austrália: A Biblioteca e o Museu — 115
11 Tasmânia: O Frio É Quente — 127
12 Cruzeiro do Sul — 139

6 ～ A VOLTA AO MUNDO EM 80 VINHOS

Parte IV: UVAS AMARGAS? **151**

13 O Trem do Vinho do Napa Valley 153

14 Um Encontro dos Riesling 165

15 A Corrida da Bala de Canhão 177

16 De Volta a Londres: Vitória! Ou Derrota? 189

Notas 201

Lista de Vinhos 213

Agradecimentos 219

Bibliografia Selecionada 223

Parte I

DE LONDRES A BEIRUTE

Capítulo 1

Londres

Feito o Desafio, Tem Início a Jornada

O Reform Club é uma imponente estrutura de pedra, mais acolhedora e ornamentada por dentro que por fora. Se você já esteve em Londres, pode ter passado por ele sem se dar conta da sua importância. Fica solidamente plantado entre outros prédios suntuosos na Pall Mall, para quem vem da estação de metrô de Charing Cross passando por Trafalgar Square, na região dos clubes exclusivos de Londres. A arquitetura tem clara semelhança com o Palazzo Farnese de Michelangelo em Roma, de acordo com documentos do clube, e um olhar mais atento evidencia as similaridades, mesmo para alguém não especializado.

O Reform Club foi fundado em 1836 em oposição ao Tory Club,* e teve sua sede palaciana inaugurada em 1841.[1] Inicialmente, admitia como membros apenas cavalheiros que tivessem apoiado a Lei de Reforma de 1832,** donde o nome. Durante algum tempo, o majestoso palácio tornou-se na prática a sede

---

* O que refletia a tradicional oposição, na política britânica, entre os *whigs* mais liberais e reformistas e os *tories* mais conservadores. (N.T.)

** Lei de relativa democratização do sistema eleitoral adotada no Parlamento, dando representação a cidades, conferindo o direito de voto a pequenos proprietários de terras, comerciantes e profissionais diversos e corrigindo discrepâncias na organização territorial do voto. Mas também foi a primeira lei que explicitamente declarou as mulheres inaptas para votar. (N.T.)

do Partido Liberal, embora hoje nenhuma tendência política esteja associada à instituição. Qualquer um pode visitá-lo, desde que apareça num determinado sábado de setembro depois de se inscrever na secretaria. Trata-se de um clube privado, afinal.

O motivo de você talvez já ter ouvido falar do Reform Club, mesmo não sendo um conhecedor dos movimentos políticos vitorianos nem estando familiarizado com a arquitetura renascentista italiana, é que foi nessa sede, na terça--feira, 1º de outubro de 1872, que um membro do clube, Phileas Fogg, aceitou de outro "reformista" um desafio que mudaria sua vida. Você já conhece a história se leu o relato de Júlio Verne sobre a aventura que se seguiu, no livro *A volta ao mundo em 80 dias*.

Do Reform Club em Pall Mall, uma curta caminhada nos leva à Berry Bros. & Rudd no número 3 da St. James's Street, descendo a rua e virando à direita. São seis minutos a pé, segundo o Google Maps, ou um pouco menos para quem estiver com pressa, como talvez fosse o caso de Phileas Fogg. Não ficou registrado se Fogg parou na Berry Bros. naquele famoso dia de outubro, nem em qualquer outro dia, mas a loja estabelecida no prédio de tijolos escuros, com janelas de arcadas adornadas, certamente estava aberta, tendo sido fundada no mesmo local em 1698 por uma mulher conhecida até hoje apenas como a Viúva Bourne. George Berry começou a trabalhar no estabelecimento em 1801, e seu nome viria a constar da placa acima da porta em 1810. Dois dos seus filhos, George Jr. e Henry, passaram a administrar juntos o negócio em 1845, abrindo-lhe as portas para uma ampla freguesia. Pois estamos falando de uma loja de vinhos — embora em anos anteriores negociassem café e outros produtos —, que se encontra aberta ao público em geral de modo inversamente proporcional ao Reform Club. É o lugar que eu escolhi para começar a aventura contada neste livro, à qual darei o nome de *A volta ao mundo em 80 vinhos*.

O CENTRO DO MUNDO?

Por que começar aqui em Londres, à parte o desejo talvez equivocado de estabelecer paralelos com a famosa história de Júlio Verne? Bem, Londres de certa forma era o centro do mundo na época de Verne, por ser o centro de controle do Império Britânico, onde "o sol nunca se põe" e que em 1872 de fato abarcava o planeta inteiro. Centro do mundo? Bem, se fosse para decidir por algum lugar, Londres certamente não seria das piores escolhas, motivo pelo qual aqui vivia o herói de Verne.

Mas talvez você se surpreenda ao saber que em boa parte da história Londres também tem sido o centro do mundo dos vinhos. Não da produção de vinhos. Você não verá muitas vinhas na deslumbrante excursão pelo Rio Tâmisa, embora hoje em dia os vinhedos britânicos produzam vinhos cada vez mais reputados, especialmente os espumantes. Não, é o comércio de vinhos que está centrado aqui, e por isso críticos, escritores e especialistas são atraídos para a capital britânica em número verdadeiramente desproporcional. Tudo começou, para escolhermos uma data, na Catedral de Poitiers no Domingo de Pentecostes (18 de maio) de 1152, quando o futuro Rei Henrique II casou com Leonor da Aquitânia. Em decorrência dessa união, vastas extensões do sudoeste da França passaram ao controle britânico, inclusive uma região que visitaremos no próximo capítulo, Bordeaux. Ao longo dos trezentos anos seguintes, as vinhas de Bordeaux se transformaram nos vinhedos da Grã-Bretanha. Os investimentos britânicos na indústria francesa de vinhos e o consumo de enormes quantidades pelos britânicos inevitavelmente levaram ao sofisticado comércio de vinhos que continua até hoje.[2]

Júlio Verne informa que Phileas Fogg soube tirar vantagem da situação central de Londres no mundo dos vinhos como membro do Reform Club, onde diariamente desfrutava do café da manhã e do jantar. "Os decanters do clube, de um tipo que não existe mais", relata Verne, "continham o seu xerez, o seu vinho do Porto e o seu clarete com um toque de canela; e suas bebidas eram deliciosamente refrescadas com gelo, trazido a um alto custo dos lagos americanos."[3] Xerez, vinho do Porto e clarete, os nomes que os britânicos tradicionalmente dão aos vinhos de Bordeaux. Nada mais lógico, tratando-se do refinado Sr. Fogg. E não há melhor lugar para começar nossa viagem, creio eu, que no número 3 da St. James's Street e na entrada da Berry Bros. & Rudd.[4]

O DESAFIO

O desafio, para Phileas Fogg, era relativamente simples. O *Daily Telegraph* havia publicado matéria segundo a qual, viajando-se pelas linhas ferroviárias regulares e as de navegação comercial a vapor, seria possível dar a volta ao mundo em oitenta dias, o que representava um impressionante triunfo da tecnologia e do cálculo racional sobre a natureza e as distâncias. A viagem era uma ideia audaciosa na época vitoriana e ainda hoje não pode ser considerada algo fácil, recorrendo a navios, trens... O apresentador Michael Palin, da BBC, teve dificuldade de acompanhar o ritmo de Fogg, seguindo praticamente a mesma rota em sua série levada ao ar em 1989, apesar de se valer de trens e navios modernos. Se alguém quiser trapacear — o que, no caso, significa pegar um avião —, a missão se torna quase ridiculamente fácil.[5] O supersônico Concorde detém o recorde de uma completa circum-navegação em avião a jato comercial, seguindo aproximadamente a linha do equador: pouco menos de trinta e duas horas. Uau!

Oitenta dias? Tolice, declararam os membros do Reform Club reunidos ao seu redor. Tolice nenhuma, retrucou Fogg, e, então, apostou vinte mil libras esterlinas que conseguiria, começando imediatamente. O que era de grande temeridade, não só por ser uma ideia saída do nada, mas porque, em 1872, uma libra esterlina equivalia ao poder de compra de cerca de oitenta libras hoje, elevando, portanto, a aposta a algo equivalente a 1,6 milhão de libras ou 2 milhões de dólares. Que nervos de aço não devia ter o racional Sr. Fogg para fazer uma aposta dessas, e quanta confiança na razão e na tecnologia! Embora eu tenha formação de economista e uma certa intimidade com o pensamento racional, jamais faria a aposta de Phileas Fogg, nem por 2 milhões de dólares, nem por 20 milhões, nem por valor nenhum.

O desafio que lanço e a aposta figurada que faço com você, leitor, são muito diferentes. Proponho-me a levá-lo numa viagem ao redor do mundo selecionando oitenta valiosas garrafas para tentar responder a uma pergunta simples: Por que o vinho?

Por que o vinho? Mas que pergunta é esta? Bom, acho que você me entendeu. O que é que o vinho tem que até hoje captura nossa imaginação, exatamente como devia acontecer oito mil anos atrás? Por que o vinho tem inspirado paixões no mundo inteiro ao longo dos séculos? Por que nos fascina tanto e de maneira tão duradoura? Por que — entrando um pouco no terreno pessoal — você se interessa tanto por vinhos a ponto de estar com este livro nas mãos, embora pudesse escolher entre milhares de livros sobre outros temas. Deve haver algo muito especial com o vinho — algo mais que o ácido, o açúcar, o álcool e os demais elementos que o constituem. Por que o vinho? É uma boa pergunta, e me disponho a percorrer alguns caminhos para tentar encontrar a resposta.

Para responder a essa pergunta no nosso modo Phileas Fogg, precisaremos juntar muitas garrafas, mas o que nos interessa realmente são as histórias. Cada taça conta uma história, e assim cada um dos nossos oitenta vinhos terá de oferecer uma narrativa interessante. Além disso — e é esta a parte mais difícil —, não bastará que os diferentes vinhos que escolhermos transmitam sua história específica. Eles terão de ser como os ladrilhos de um mosaico ou os pontos coloridos de uma pintura de Georges Seurat, formando coletivamente uma imagem e contando uma história que revele uma verdade de maior alcance.

Uma verdade maior? Sobre o quê? Sobre o vinho? Sobre o mundo? Não me pergunte: falando sério, não sou a pessoa certa para isso. Posicionado aqui para o início da nossa jornada, eu sei que a verdade maior deve existir e acredito de coração que ela pode ser revelada pelo vinho. Mas não sei qual será. Assim como você, estou disponível para empreender a jornada e espero que meus desejos se realizem.

O que revelarão os oitenta vinhos? Venha comigo na viagem e vamos descobrir juntos!

Nessa busca, eu me inspiro em muitas fontes, e acima de tudo no romance de Júlio Verne, por causa das intenções habilmente ocultas do autor. Embora o relato da viagem de Fogg pareça tratar da mecânica das viagens de longa distância, a história propriamente vai muito mais fundo, o que explica sua incrível posteridade. O problema na verdade não é a distância, veja bem, mas a natureza humana, e Fogg alcança sua meta (vence a aposta), mas não o faz graças aos progressos tecnológicos e ao cálculo racional, como supunha no início, e sim em virtude das admiráveis qualidades humanas da coragem, da força, da lealdade e do amor, tendo ele próprio e seu companheiro Passepartout como improváveis heróis. É a corrida contra o tempo que nos fascina em *A volta ao mundo em 80 dias*, mas é o drama humano (e o que o percurso revela sobre eles e sobre nós) que torna essa história tão memorável. Espero que nossa jornada pelo mundo do vinho possa trilhar um caminho semelhante.

Júlio Verne me ensinou que as viagens não revelam seu significado de uma vez só nem em porções meticulosamente dosadas, mas num permanente fluxo e refluxo, como a própria vida. São essas correntes mais profundas que eu espero explorar neste livro, tendo o vinho como nosso meio de transporte, em vez de barcos, trens e elefantes. Mas quero deixar claro que em momento algum esquecerei que o motivo pelo qual você escolheu este livro, para começo de conversa, foi o fascínio pelo vinho, pelas viagens ou por ambas as coisas, pois, exatamente como você, eu também sinto esse fascínio.

O CAMINHO PELA FRENTE

Aonde iremos, então, nessa busca de oitenta vinhos que capturem a essência do que o vinho representa, e por que isso é tão importante? Muito bem, aqui vai o plano, mas com a advertência de que pode haver desvios inesperados no caminho (como Phileas Fogg e Passepartout, você terá de encarar os fatos e improvisar).

Começamos em Londres pelos motivos já mencionados e nossos passos seguintes são perfeitamente lógicos, exatamente como se Phileas Fogg tivesse traçado o plano para nós. Atravessamos o Canal da Mancha em direção à França e ficamos sabendo que, embora não se deva julgar um livro pela capa, as pessoas o tempo todo avaliam os vinhos franceses pela forma da garrafa. Seguimos então para a Itália, para comprovar a impossibilidade do vinho italiano. Continuamos em direção à Síria, à Geórgia e ao Líbano (não muito longe do Cairo, que foi a parada seguinte de Fogg), onde nossa atenção se volta para os vinhos e as guerras — embora não, talvez, o tipo de guerra que você esperaria.

Em algum momento vamos alcançar Fogg na Índia, não sem antes adicionar mais garrafas à nossa adega itinerante. Na segunda parte do livro, voltamos de Beirute à Espanha pelo norte da África. Começa então uma longa viagem acompanhando as rotas comerciais portuguesas dos velhos tempos, da chuvosa cidade do Porto, com seu robusto vinho do mesmo nome, à calorenta Ilha da Madeira, chegando às Cape Winelands na extremidade meridional da África. Circundamos em seguida o Cabo da Boa Esperança e chegamos à Índia por um caminho fascinante, porém bem tortuoso: da Cidade do Cabo a Bali e a Bangcoc e por fim Mumbai, com vinhos a cada parada. Acho que você vai gostar do passeio!

Na terceira parte, escalamos montanhas altíssimas no ponto em que a China se encontra com o Tibete, num lugar chamado Xangri-lá. Vinho na China? Xangri-lá? Teremos muito o que explorar. Em seguida, pegamos o avião para a Austrália para participar de um acalorado debate sobre a alma do vinho. A parada seguinte é a Tasmânia, onde descobrimos que o frio é *quente*. Seguindo o Cruzeiro do Sul, vamos em direção à Nova Zelândia, ao Chile e à Argentina, três países muito diferentes, porém unidos de forma inesperada pela sua relação com o vinho.

A etapa final do percurso nos direciona para o norte e depois para leste, atravessando o continente americano e em seguida o Oceano Atlântico, para concluir o périplo em Londres. Nesse percurso, tomamos o Trem do Vinho rumo ao Napa Valley, paramos em Seattle para um Riesling Rendezvous e nos arriscamos como no filme *Quem não corre, voa* pela América do Norte, para acabar num restaurante italiano na Virgínia de Thomas Jefferson. De lá, é um pulo até Londres para o balanço final. Será que conseguimos? Nossos oitenta vinhos passarão no teste? E, se o desafio foi vencido, você será convidado a decidir.

Não posso garantir que teremos êxito nessa busca, mas aposto que você não vai morrer de tédio. Contudo, por favor, leve em conta o seguinte: são muitíssimos vinhos, inúmeras histórias, e só podemos escolher oitenta, de modo que terei que ser incrivelmente seletivo e nem sempre minhas escolhas vão coincidir com as suas. O que o deixará enlouquecido (eu mesmo ficaria), mas posso garantir que há método na minha loucura e que no fim da viagem saberei compensá-lo. Se tudo isso fosse fácil e as escolhas fossem óbvias, para que se dar ao trabalho?

É um itinerário ambicioso — e talvez completamente... estapafúrdio! Vire a página e venha comigo.

Antes, porém, vamos saborear nosso primeiro vinho. Começar bem já é meio caminho andado, ao que dizem, e vou então escolher uma edição especial do vinho favorito de Winston Churchill, o Champanhe Pol Roger, para fazer um brinde à viagem que temos pela frente. Ao amor, à vida, à saúde e a oitenta garrafas de vinho. Tim-tim!

O Vinho
Champagne Pol Roger Cuvée Winston Churchill, Champagne, França

Capítulo 2

França

Qual Garrafa? Qual Vinho?

Phileas Fogg partiu de Londres em direção à França e mais além, mas não se deteve no caminho para o sul e o leste. Não havia tempo para vinhedos e vinícolas nem para longos almoços filosóficos, com muitas rolhas sacadas e muitas garrafas esvaziadas. Pior para ele! Nosso objetivo é diferente, de modo que é inevitável uma estada mais prolongada aqui na França. Dizem que não dá para saber se um livro é bom pela capa, mas viemos à França para descobrir por que às vezes dá para saber se um vinho é bom pela garrafa, pois a França, o povo francês e o mundo dos vinhos se dividem entre dois tipos de garrafa.[1] Vamos falar, então, de duas garrafas de vinho, dos vinhos que elas contêm, das forças que deram forma tanto aos vinhos quanto às garrafas e das ideias conflitantes que representam a respeito do vinho. Em outras palavras, vamos falar de Borgonha e Bordeaux.

QUAL GARRAFA DE VINHO?

Os vinhos de Bordeaux, no litoral sudoeste da França, vêm em uma garrafa que sempre me lembra um soldado empertigado em posição de sentido. Se você já viu a mudança da guarda no Palácio de Buckingham, em Londres, sabe do que estou falando. As laterais são retas e paralelas, os ombros, altos, e o pescoço, curto e saliente. É muito diferente de uma garrafa de Borgonha, que me parece muito mais feminina, graciosa, sensual, com as laterais sedutoramente curvilíneas e um pescoço longo e elegante sobre ombros macios. Será que estou romantizando as garrafas e quem sabe também os vinhos? Se estiver, não estou sozinho. Certos especialistas afirmam que os melhores Bordeaux oferecem uma experiência do pescoço para cima — pedem uma apreciação disciplinada —, ao passo que os da Borgonha são sentidos de maneira sensual mais abaixo, na região onde dominam as emoções.[2] Cabeça e coração. Se for verdade (naturalmente, você tem que sacar algumas rolhas e ver o que pensa e sente), é porque a impressão causada pela forma das garrafas e minhas descrições românticas não estão mentindo.

Os vinhos da Borgonha e de Bordeaux nem sempre foram vendidos nesses tipos de garrafa. Na verdade, durante centenas de anos, nem eram vendidos em garrafas. As primeiras garrafas de vinho eram demasiado frágeis e caras; a forma mais comum se parecia mais com uma cebola do que com um membro da guarda real ou uma linda mulher. O vidro era soprado numa forma arredondada, pois esse molde mais esférico continha maior volume por unidade, e tanto a matéria-prima do vidro como o ofício de insuflá-lo custavam caro. As garrafas, assim, só podiam ser estocadas de pé e se quebravam com facilidade; e as rolhas ressecavam facilmente se o vinho fosse guardado por muito tempo, permitindo a entrada de oxigênio e deteriorando a bebida.

Por este motivo, o vinho transportado no porão do navio que deixava Bordeaux pelo estuário da Gironda no Oceano Atlântico, em direção a Londres (e talvez à Berry Bros. & Rudd), era acondicionado em tonéis ou barris e assim entregue em tabernas e lojas que o distribuíam em vidros, jarras e garrafas para o consumidor final. Os barris e tonéis representaram uma solução prática para a questão do transporte de vinho em navios, exatamente como os gigantescos reservatórios de vinte e quatro mil litros, do tamanho de contêineres, que hoje em dia ajudam o comércio atacadista global a resolver o problema.[3] Mas também geravam outros problemas. Os barris nunca são totalmente herméticos, e assim é necessário mantê-los permanentemente cheios, caso contrário o oxigênio estragaria o vinho. E, claro, o produtor perde o controle quando o vinho é transportado dessa maneira, pois os consumidores tendem a associar a qualidade ao vendedor, e não ao produtor, muitas vezes desconhecido.

A garrafa de vinho moderna surgiu no fim do século 17, quando os fabricantes de vidro britânicos encontraram uma maneira de produzir garrafas mais resistentes — fortes o bastante, na verdade, para envazar vinhos espumantes com segurança, assim resolvendo o problema do Champanhe, que é fermentado na garrafa e até então enfrentava a inconveniente tendência dos cascos a explodir espontaneamente devido à pressão interna. O vidro mais resistente e a concavidade profunda na base das novas garrafas de Champanhe significavam segurança para as valiosas bolhas acondicionadas no interior. A Borgonha, vizinha da região de Champagne, adotou uma versão própria dessa garrafa, mas a garrafa afinal aperfeiçoada em Bordeaux tinha uma forma diferente.

Em certa medida isso se devia ao fato de ser mais fácil armazenar deitada a garrafa do tipo "guarda real britânica", o que é muito útil para "descansar" o vinho enquanto envelhece, como se costuma fazer com os Bordeaux (o que contribui para manter a rolha úmida, preservando o vinho), e desconfio que a forma cilíndrica compacta também era útil no transporte marítimo, por se encaixar bem nos engradados. Afinal, o Bordeaux precisava atravessar o mar em boas condições em direção ao seu principal mercado, Londres, ao passo que o Borgonha percorria uma distância muito menor, por via fluvial, por canais ou em carroças, até Paris e Lyon. Era grande a quantidade de Bordeaux a serem transportados, pois os vinhedos de Bordeaux eram e continuam sendo vastos. A Borgonha, espraiada em faixas estreitas de terra ao longo do Rio Saône, é uma região muito menor, com uma produção minúscula, em comparação com Bordeaux.

Qual, então, a sua escolha? A garrafa masculina do Bordeaux ou a forma mais feminina do Borgonha? Seria apenas uma questão de gosto? E será que isso tem alguma importância? Bem, acho que sim, pois essas garrafas não são simbólicas apenas do vinho que contêm e das regiões que representam, mas também da própria França. E de duas ideias conflitantes tanto da França como do vinho.

DUAS IDEIAS DE VINHO

O contraste começa pelo que está dentro da garrafa. Os vinhos tintos mais conhecidos da Borgonha são puro Pinot Noir, variedade temperamental de uvas que pede um clima mais frio, encontrado com frequência na região. Talvez um pouco frio demais em certos anos, além de chuvoso. A Pinot leva uma vida arriscada, e produzir grandes vinhos com ela é um constante desafio.

Os tintos Bordeaux mais famosos, por outro lado, são feitos de Cabernet Sauvignon, Merlot, Cabernet Franc, Malbec e Petit Verdot, variedades de uvas muito mais tânicas que a Pinot Noir (donde a necessidade de envelhecimento), que gostam de sol e são cultivadas em quase todas as regiões vinícolas do mundo. Enquanto os vinhedos de Bordeaux são extensos e abundantes, os vinhedos ribeirinhos da Borgonha são estreitos e frugais. Bordeaux é grande porque sua missão na vida é atender a uma gigantesca linha de exportação para a Grã-Bretanha, o Norte europeu e muito mais. Borgonha nem poderia pensar em satisfazer uma sede desse tamanho: faltariam terras, uvas e vinho. Borgonha não é para o mundo, é para a França e especialmente as elites parisienses. Na verdade, segundo Jean-Robert Pitte, o momento crítico na história do vinho Borgonha ocorreu em 1694, quando o médico do Rei Luís XIV, Fagon, diagnosticou que a gota do monarca era agravada pelo consumo constante dos seus vinhos favoritos, os não borbulhantes (ou tranquilos, como se diz) da região de Champagne. Fagon o convenceu a trocar os vinhos mais ácidos de Champagne pelos Borgonha suaves, puros e envelhecidos, dando origem à moda do Borgonha em Versalhes e Paris e a um mercado para esses vinhos.[4] O mercado real perdido pelo Champanhe seria recuperado quando se descobriu que esse vinho tranquilo e ácido era superaprimorado com uma fermentação secundária para formação de bolhas. Pop! Nascia o Champanhe espumante!

DINHEIRO E RELIGIÃO

A lista de diferenças entre as regiões de Borgonha e Bordeaux não tem fim, mas é impossível ignorar a mais fundamental. Sob muitos aspectos, Bordeaux representa o vinho como uma oportunidade de negócios, ao passo que a Borgonha dá vazão ao lado místico, quase religioso, do vinho.

FRANÇA 〜 21

Os negócios foram uma decorrência natural em Bordeaux desde os primórdios das exportações para a Inglaterra, mas o momento crítico ocorreu quando da Classificação de 1855. Incumbido de classificar os vinhos de Bordeaux para uma exposição na Feira Internacional de Paris, um grupo de comerciantes de vinho recorreu ao critério mais objetivo que conhecia. Não foi a "reputação", o que quer que isso pudesse significar, nem a degustação às cegas. Não, eles simplesmente levaram em conta os preços dos vinhos no atacado. Quatro deles eram vendidos regularmente a preços mais altos que os demais, e assim foram incluídos na primeira categoria. Château Margaux, Château Latour, Château Lafite e Château Haut-Brion — você provavelmente conhece esses nomes — eram os *premiers grand cru* na época e continuam sendo até hoje. Passaram-se décadas até que um *deuxième cru* de 1855 — hoje chamado Château Mouton Rothschild — fosse elevado ao topo; ou seja, são cinco. *Deuxièmes crus, troisièmes crus* e assim por diante: todas as propriedades importantes de Bordeaux foram classificadas, estabelecendo-se uma hierarquia e um conjunto ordenado de grandes marcas de vinho. Muita coisa mudou em Bordeaux ao longo dos anos, e os vinhos das categorias inferiores subiram, desceram, subiram... mas dinheiro é algo poderoso e os vinhos do topo se mantiveram como uma inexplicável constante, não obstante as mudanças ocorridas nos vinhos, nas videiras, nos vinhedos, nos estilos e no clima.[5]

Na ideia do Bordeaux, o fator dominante são os châteaux, os produtores. O Borgonha tem o domínio como conceito equivalente, e embora a recomendação para quem quiser degustar os grandes Borgonha ainda seja escolher um bom produtor e uma boa safra (pois o clima varia bastante), para então escolher o vinho, o critério que predomina é de longe o *terroir*, o caráter do terreno local. Na Borgonha, os vinhedos é que são classificados, e não os produtores, e muitos vinhedos famosos de *grand cru* ou *premier cru*, por minúsculos que sejam, fornecem uvas para dezenas de produtores diferentes, todos desejosos de produzir vinhos com as melhores frutas. Assim, um vinho fabricado por Henri Jayer, produtor famoso, é um prazer, e desfrutar de um vinho feito com uvas do vinhedo Richebourg *grand cru*, da Côte de Nuits, é uma experiência fantástica. Ter as duas coisas ao mesmo tempo, então... saborear um Henri Jayer Richebourg *grand cru* — bem, melhor que isso, impossível. Ou pelo menos é

22 〜 A VOLTA AO MUNDO EM 80 VINHOS

praticamente o que de mais caro pode haver em matéria de vinho, segundo artigo publicado em 2015 na revista *Decanter*, mencionando um preço médio de mais de quinze mil dólares por garrafa.[6]

Não seria exagero, apenas um ligeiro sacrilégio, dizer que os amantes do Borgonha cultuam o terreno pisado pelos *vignerons*★ — os vinhedos — e estudam os mapas e as linhas tênues que dividem os vinhedos como se fossem um texto religioso. Um famoso vinhedo de *grand cru* — o Domaine de la Romanée Conti — tem até uma cruz fincada na terra, e um outro, o Clos de Vougeot, foi de fato criado por monges cistercienses da Abadia de Cîteaux, e lá é que o Borgonha foi cultivado e preservado na Idade Média. O Borgonha então seria uma religião? Chega bem perto, se você quer saber.

As 1.247 regiões individualmente classificadas (chamadas *climats*) da Côte de Beaune e da Côte de Nuits deram mais um passo em direção à santidade quando, em 2015, foram consideradas Patrimônio Mundial pela UNESCO (juntando-se à Champagne e a cerca de outras vinte regiões vinícolas igualmente reconhecidas). "A decisão da UNESCO representa a sanção do ponto de vista francês de que há um imprimátur global: só é possível produzir grandes vinhos mediante uma combinação mágica de clima, geografia e história — aquela inefável qualidade muitas vezes chamada de 'terroir'", escreveu o *New York Times*.[7] Ideia francesa, talvez, mas certamente evangelho borgonhês.

Se *vinho francês* evoca para você a imagem de rudes *vignerons* enfrentando, num terreno minúsculo, o mau tempo e as implacáveis forças do mercado para produzir um vinho puro, natural e autêntico, então você é um borgonhês de corpo e alma e deve beber os melhores vinhos daquela região. Nem todos os vinhos da Borgonha são assim — na verdade, a maioria provavelmente não é, se levarmos em conta as estatísticas —, mas é essa a ideia por lá cultivada. É um aspecto do vinho francês, e da França também. Por outro lado, se você encara o mercado de vinhos como aquele ".com" que entrega o mundo inteiro na sua porta, e se gosta de levar em conta os *milhares* de classificações que orientam sua escolha e a segurança proporcionada pelas marcas famosas, então você está mais para o lado do Bordeaux nessa batalha.

★ Vinicultores.

Como é então que você encara o vinho? Vinicultor ou *terroir*? Comércio ou filosofia? Negócio ou religião? A demarcação é clara e os amantes do vinho às vezes são obrigados a escolher entre duas ideias do vinho francês, da própria França e do mundo também, creio eu.

QUAL DAS DUAS GARRAFAS?

Chegou a hora de começar a ticar os restantes setenta e nove rótulos da nossa coleção vinícola global, e você já entendeu por que representantes da Borgonha e de Bordeaux não podem faltar nessa adega. Mas quais? Para os amantes do Borgonha e do Bordeaux, a escolha específica é de grande importância e poderia dar origem a um debate quase infindável. Lafite ou Margaux (e qual safra)? Henri Jayer ou Domaine de la Romanée Conti? Admito que tenho cá meus favoritos, mas a escolha não diz respeito apenas aos vinhos, mas a pessoas também. No caso do Borgonha, sempre vou lembrar de uma garrafa de Maison Joseph Drouhin Chambolle-Musigny Amoureuses (Os Apaixonados — é o nome do vinhedo) que minha mulher, Sue, e eu compartilhamos em nosso aniversário de casamento anos atrás.

Quanto ao Bordeaux, só pode ser um Château Petrus 1994, duplo magnum (três litros, equivalendo a quatro garrafas), servido por um querido amigo num jantar em que se comemorava a formatura do filho (aluno meu). A enorme garrafa vazia pode ser vista (para contrariedade de Sue) na lareira da nossa sala. Borgonha e Bordeaux, coração e cabeça, aniversário de casamento e conclusão de estudos universitários. Não poderia imaginar melhores garrafas para começar nossa coleção, não é mesmo? Mas devo reconhecer que esses vinhos significam tanto para mim por causa das lembranças que despertam e das pessoas especiais que os compartilharam comigo. É o que podemos esperar do vinho e o motivo pelo qual tanto o apreciamos.

Borgonha e Bordeaux são dos vinhos mais famosos (e mais caros) do mundo.[8] Mas as duas regiões têm um segredo. Os melhores vinhos são apenas a ponta do iceberg. Lá embaixo, fora do alcance da nossa visão, estão quantidades muito maiores de vinhos de menor qualidade que precisam ser vendidos para pagar as contas. De uma forma ou de outra, eles se prevalecem da reputação dos vinhos mais finos, mas na verdade se trata mesmo é de Château Fluxo de Caixa. Costumo chamá-los de vinhos Black Friday.

OS VINHOS BLACK FRIDAY: DOIS FERIADOS DIFERENTES

Embora os Estados Unidos não sejam o único país que separa um dia específico para dar graças, gostamos de considerar o Dia de Ação de Graças (Thanksgiving), a quarta quinta-feira de novembro, como nosso feriado mais especial. Ele foi idealizado como um dia de profunda reflexão, mas a Ação de Graças acabou evoluindo para um fim de semana prolongado de desatino consumista e megaofertas no varejo. Certos amigos meus preferem comemorar a Black Friday um dia depois da Ação de Graças, quando começa oficialmente a temporada de compras do período de Festas e os lojistas podem verificar se acabarão o ano "no azul ou no vermelho", com base nos primeiros resultados de vendas.

Os vinhos Black Friday são vinhos produzidos especificamente com o objetivo de dar lucro. Nada de errado nisso, pois as vinícolas precisam ganhar dinheiro para se manter em atividade. Mas às vezes elas surfam na reputação de outras ou se fiam mais em operações de marketing do que na excelência do produto para alcançar essa meta (exatamente como o feriado da Black Friday foi inventado com objetivos puramente comerciais). Tanto Borgonha como Bordeaux têm lá os seus vinhos Black Friday. Precisam disso para dar sustentação à indústria vinícola. Eu escrevi a respeito de um dos vinhos Bordeaux Black Friday no meu livro *Extreme Wine*, de 2013.[9] Trata-se do Mouton Cadet, um dos vinhos mais comercializados no mundo. É feito pela mesma empresa que produz o *premier cru* Château Mouton Rothschild, mas as uvas provêm de toda a região de Bordeaux, e não da propriedade da vinícola, sendo produzidos milhões de garrafas anualmente. É um bom vinho, não me entendam mal, superior a muitos dos demais Bordeaux Black Friday difíceis de vender mesmo em oferta. Menciono-o apenas como exemplo de um vinho produzido em grandes quantidades e surfando um pouquinho na reputação do parente mais ilustre.

O Borgonha tem seus vinhos semelhantes, produzidos com designação regional, e não da vinícola. Alguns são melhores que outros, claro, mas todos precisam ser vendidos para pagar as contas. Mas o meu Borgonha Black Friday favorito na verdade vem de Beaujolais, a parte da região meridional onde os vinhos tintos são feitos com Gamay Noir, e não Pinot Noir. As diferenças nas variedades de uvas e nos métodos de produção fazem com que muitas pessoas não se deem conta de que o Beaujolais é um Borgonha.[10] A diferença fica ainda mais evidente no caso do Beaujolais Nouveau.

O Beaujolais Nouveau não é um vinho particularmente cerebral ou profundo, tampouco delicadamente sensual. Se o vinho fosse literatura, pondera meu amigo Patrick, o Nouveau seria um daqueles romances de entretenimento que você lê na praia. Nada de errado — todo mundo precisa dar uma escapulida de vez em quando. As uvas do Nouveau são colhidas no fim de setembro aproximadamente e as únicas coisas que impedem a venda imediata são a necessidade de fermentação e os mecanismos de distribuição. O vinho ainda é um pouco doce ao ser engarrafado e às vezes algo efervescente também, ao começar a ser vendido com grande estardalhaço na terceira quinta-feira de novembro (uma semana antes do Dia de Ação de Graças em que os americanos estão comendo peru). Melhor se servido frio (como a vingança!), é talvez a própria definição do vinho para fluxo de caixa.

O Nouveau não é muito sofisticado. Por que então é consumido pelos franceses, que gostam tanto de cultivar sua imagem *terroiriste*? Os produtores do Beaujolais fazem muito bons *cru* Beaujolais (*non-nouveau*): caráter, complexidade — pode estar tudo lá, por um preço surpreendentemente baixo. Ah, mas aí é que está justamente o problema. Tirando uma casquinha do Borgonha, os Beaujolais não podem ser vendidos a preços altos, por melhores que sejam, e assim se tenta ganhar dinheiro com eles pelo volume de vendas, e não pela margem de lucro. Milhões de garrafas de Nouveau são produzidas em série para pagar as contas.

No auge da bolha, em 1992, cerca de metade dos vinhos produzidos em Beaujolais eram Nouveau. Ainda hoje, a proporção é alta. Ironicamente, o Nouveau muitas vezes é vendido a preços equivalentes aos vinhos mais sérios de Beaujolais, por ser tão bem comercializado. Difícil imaginar, assim, que você preferisse comprá-lo, ao invés dos outros vinhos da região. Mas é fácil imaginar que desejasse vendê-lo. Se os produtores conseguirem vender o seu Nouveau, talvez o resultado final do ano fique no azul. Se o mercado do Nouveau não estiver bom, o vermelho não será apenas do vinho derramado...

O Nouveau, então, costuma ser comercializado no mundo inteiro com particular urgência (exatamente como tantas lojas parecem meio desesperadas na Black Friday) — e não apenas porque os vinhos jovens alcançam muito rápido o "prazo de validade". De maneira geral, o Nouveau é distribuído internacionalmente por via aérea (mais onerosa), e não pelo transporte marítimo (mais econômico), em parte porque o prazo curto entre a colheita e a venda final torna a velocidade um fator importante, embora certos cuidados tenham sido tomados nos últimos anos para aplacar as críticas ao alto índice de emissão de gases de efeito estufa da indústria vinícola.

Doce, efervescente e em dado momento vendido até em garrafas PET — o Beaujolais Nouveau parece o vinho perfeito para consumidores americanos criados e familiarizados com garrafas de refrigerante de dois litros. Para sermos um pouco cínicos, poderíamos dizer que o Nouveau é um vinho... *made in USA*. E de certa forma é. Embora o vinho obviamente venha da França (e de fato existe, na França e em outros países, uma longa tradição de vinhos frescos, simples e agradáveis para consumo pouco depois da colheita), acho que seria justo dizer que o *fenômeno* Nouveau é uma invenção americana.

Foi de fato a distribuidora americana W.J. Deutsch & Sons que pôs o Beaujolais, em geral, e particularmente o Nouveau, no mercado de vinhos dos EUA, quando se tornou a distribuidora exclusiva de Georges Duboeuf, uns anos atrás. Um vinho simples foi transformado num acontecimento de marketing. Parafraseando o conhecido provérbio americano segundo o qual só Nixon seria capaz de ir à China, só a brilhante família Deutsch conseguiria vender o Nouveau! Na verdade, ela teve tanto êxito que fechou uma parceria com outra empresa familiar — dos australianos Casella — e gerou um segundo fenômeno vinícola talhado para o gosto americano: o Yellow Tail!

Vou então acrescentar o Mouton Cadet e o Duboeuf Beaujolais Nouveau à coleção vinícola da circum-navegação, para mostrar que o vinho francês não tem apenas dois aspectos. Sim, temos Borgonha e Bordeaux, mas ambos têm as suas variantes nobres e as mais humildes. Mas chega! Está na hora de embalar os vinhos e partir para a próxima etapa do nosso itinerário (e de Phileas Fogg). Partiu Itália!

Já sei o que você está pensando! Como é que vamos deixar a França sem visitar outras regiões como Rhône (Ródano), Champagne, Alsácia e Loire?... e a lista poderia continuar. E os vinhos brancos (Chablis!)? E os doces (Sauternes!)? Sim, também são vinhos dignos de nota, mas estou tão limitado pela aposta dos oitenta vinhos quanto Phileas Fogg estava obrigado a não passar de oitenta dias. De modo que se já ignorei o seu vinho favorito, quero pedir que confie em mim. De alguma forma vou compensá-lo mais adiante. Se não for possível, então é porque nada é certo neste mundo.

Os Vinhos

Chateau Petrus 1994, Bordeaux, França

Maison Joseph Drouhin Chambolle-Musigny Amoreuses, Borgonha, França

Mouton Cadet Rouge, Bordeaux, França

Georges Duboeuf Beaujolais Nouveau, Beaujolais, França

Capítulo 3

Itália

O Teorema da Impossibilidade de Batali

Se Phileas Fogg se deteve na Itália, ainda que por um momento apenas, para saborear um vinho, bebericar um *espresso* ou provar um pedaço de queijo, nada ficamos sabendo no livro de Júlio Verne. Na verdade, do seu percurso desde o momento em que deixou a estação londrina de Charing Cross até a chegada às docas de Brindisi, sabemos apenas que fez baldeação na estação ferroviária de Paris e seguiu para Turim passando pelo Monte Cenis, em seguida descendo a bota italiana por via marítima até o salto. Talvez nem tenha levantado os olhos da tabela de horários e dos atlas e mapas enquanto o trem seguia para Brindisi, onde pegaria o navio de carga *Mongolia*, da Peninsular and Oriental Company. Estava correndo contra o tempo. Ao contrário de Fogg, no *nosso* caso é impossível ignorar a Itália, mas precisamos tentar vê-la e entendê-la do jeito certo, que é mais complicado do que você imagina.

O princípio a que costumo me referir como "Teorema da Impossibilidade de Batali" nos remete a Mario Batali, chef e restaurateur americano que muito tem feito para promover tudo que seja italiano nos Estados Unidos.[1] Os americanos às vezes falam da "comida italiana", que amamos, e dos "restaurantes italianos" onde ela é servida, mas Batali sustenta que não existe uma comida italiana: existem apenas as muitas cozinhas regionais da Itália, que não podem nem devem ser reduzidas a uma categoria genérica. Qualquer um que tenha viajado à Itália ou vivido no país sabe que ele tem razão. A cozinha toscana, a romana e a napolitana são distintas, influenciadas por diferentes ingredientes e tradições, e ao dizê-lo estamos apenas tocando a superfície da questão.

Enunciado de maneira mais genérica, o Teorema de Batali significa que é melhor entender e avaliar coisas complexas de forma complexa — levando em conta explicitamente seus vários aspectos, em vez de tentar reduzi-las a uma generalização que encobre muito mais do que revela. O Teorema de Batali parece particularmente relevante em nosso mundo facilitado pelo conjunto smartphone-internet, no qual qualquer um com um mínimo interesse pode ir além da camada superficial de qualquer questão e encontrar um rico manancial de detalhes. O Teorema de Batali não é um conceito abstrato, mas algo que parece nos guiar diariamente.

A IMPOSSIBILIDADE DO VINHO ITALIANO

O que é um vinho italiano? Tudo e nada — ele é impossível de definir, e é exatamente esse o ponto. Seria tinto ou branco (ou talvez rosé)? Espumante ou tranquilo? De espírito forte ou baixo teor alcoólico? Seria encorpado e arrojado ou leve e delicado? Espero que você concorde comigo que o vinho italiano é tudo isso e mais ainda, o que significa que não é uma determinada coisa, mas muitas coisas. E que concorde também que o Teorema da Impossibilidade de Batali se aplica neste caso: não existe um vinho italiano, apenas os vinhos regionais da Itália. E eles são todo um mundo de vinhos!

Em seu livro *Native Wine Grapes of Italy*, de 2014, Ian D'Agata identifica 377 uvas viníferas italianas, o que não só é um número bastante alto em termos absolutos como também corresponde a uma considerável proporção das variedades de uvas.[2] O manual de referência *Wine Grapes*, de Jancis Robinson, Julia Harding e José Vouillamoz, relaciona 1.368 variedades de uvas viníferas em todo o mundo, de modo que só na Itália encontramos mais de um quarto da diversidade mundial. À sua maneira, o patrimônio italiano de uvas viníferas é tão importante quanto as consagradas contribuições do país nos terrenos da música, das artes plásticas, da arquitetura e da cozinha.[3] Se acrescentarmos as variedades internacionais que são plantadas em vinhedos italianos (Merlot, Cabernet, Chardonnay, Sauvignon Blanc entre outras), fica evidente que um mundo riquíssimo espera o sedento estudante dos vinhos da Itália.

O Teorema de Batali se aplica, no caso, porque embora certas variedades de uvas e certos estilos de vinho se espraiem por várias regiões italianas, a maioria é bem mais local que nacional ou global, refletindo um *terroir* geográfico e cultural muito particular. Como já vivi um pouquinho na Itália e viajei muito pelo país, tenho cá alguns favoritos dentre as centenas de vinhos regionais. Um que descobri em Bolonha é o Pignoletto, ao mesmo tempo tranquilo e *frizzante*, um vinho branco que parece realçar à perfeição os generosos queijos e as carnes da região. E ainda sinto o gosto do Ruché que encontramos num festival de culinária regional em Moncalvo, e que era orgulhosamente oferecido por um clube cívico de Castagnole Monferrato, o local de origem histórica dessa uva.

Minha lista pessoal de descobertas vinícolas nas regiões italianas é bem longa, mas folheando o livro de D'Agata me dá sede de conhecer ainda mais. Um que mal posso esperar para provar é o Mostosa da Emilia-Romagna, que tem esse nome por causa da grande quantidade de mosto (o suco de uva antes da fermentação) que produz e da grande quantidade de vinho que daí resulta. Uma uva produtiva, você diria, e talvez por esse motivo seja às vezes associada a um vinho conhecido como Pagadebit (paga débito).

UM VINHO QUE MANDA EM TODOS?

Quero crer que o Teorema da Impossibilidade de Batali é especialmente importante para mim, pois em dado momento da preparação deste livro brinquei com a ideia de que talvez fosse possível visitar diferentes lugares e escolher um vinho para representar cada região. Parecia um grande desafio, e por um tempo cheguei a pensar que tinha encontrado o meu grande vinho "italiano". Nem Chianti nem Brunello, nem Barolo nem Barbaresco. Tampouco o Amarone, por mais que o aprecie. Não, o meu candidato a vinho italiano vinha de um lugar inesperado e de uma uva pouco conhecida. Deixe-me falar dele.

Muitas imagens vêm à mente quando a gente pensa em Veneza — as artes, a arquitetura, os canais e as gôndolas. Mas vinhedos? Nem tanto. Nem posso

32 ～ A VOLTA AO MUNDO EM 80 VINHOS

imaginar vinhedos em Veneza, embora os historiadores nos digam que eles estavam lá — alguns até no bairro de San Marco — em épocas remotas, quando a cidade era menos assolada por turistas e se preocupava mais com a autossuficiência.

Você ficaria surpreso se eu dissesse que ainda há vinhas e vinho em Veneza hoje? Não no arquipélago que consideramos como a cidade de Veneza propriamente dita, mas talvez na região da movimentada lagoa próxima? É preciso pegar a balsa para a ilha de Burano (a ilha das bordadeiras, para distinguir de Murano, a ilha dos artesãos do vidro) e, passando por uma pequena ponte de pedestres, chegamos à ilha de Mazzorbo e ao vinhedo de Venissa, de dez mil metros quadrados, onde é plantada a Dorona di Venezia, uma uva da lagoa veneziana. Sua resistência natural às doenças fúngicas é um trunfo nessa região úmida. Conhecida desde o século 15, ela é um cruzamento natural da Garganega com a Bermestia Bianca (segundo o *Wine Grapes*), popular como uva de mesa devido a seu grande fruto doce e dourado (*d'oro*). Encontramos a Dorona aqui e ali no Vêneto (sendo fácil confundi-la com a Garganega, a uva mais associada ao vinho Soave), mas até recentemente não tanto em Veneza e nas ilhas da lagoa, em virtude dos desafios do cultivo de uvas em ambiente marítimo. Mas Gianluca Bisol, da famosa fabricante do Prosecco, descobriu algumas videiras na ilha de Sant'Erasmo e graças a elas cultivou um vinhedo com a Dorona na velha propriedade de Scarpa Volo, na ilha próxima de Mazzorbo.

Uva dourada, vinho dourado. O vinho realmente é dourado, em parte em decorrência da fermentação da casca da uva, para lhe conferir um caráter especial. As garrafas de vidro artesanal são ricamente ornamentadas com folhas de ouro trabalhadas à mão (assim honrando duas artes tradicionais da região). O nome Venissa e um número são caligrafados com esmero em cada garrafa.

E o gosto? Só duas safras tinham sido comercializadas na época da nossa visita — 2010 e 2011 —, e Ian D'Agata escreve que prefere o frescor da 2011. Depois da primeira, os produtores Desiderio Bisol e Roberto Cipresso aparentemente abriram mão de certas práticas radicais de estocagem em adega, obtendo assim um vinho mais fresco, embora nem de longe suscetível de ser confundido com um Soave! Sue e eu adoramos a cor do vinho e fomos surpreendidos por seus aromas delicados. Achei muito atraente uma certa salinidade, embora talvez houvesse aí um elemento de sugestão, pois apreciamos o vinho na companhia de Matteo Bisol enquanto contemplávamos a paisagem do vinhedo e da lagoa logo adiante. Se de fato há salinidade, o vinho a integra muito bem. Os vinhedos são periodicamente inundados pela água salgada nas oscilações de maré, sendo necessárias operações de drenagem. Eu preferi a safra mais intensa de 2010, o que talvez fosse de se esperar do autor de um livro intitulado *Extreme wine*. Um tinto de uvas Merlot e Carmenère cultivadas em outra minúscula ilha da lagoa foi lançado em 2014. Sue e eu sentimos sua riqueza, intensidade e uma personalidade salina.

Na barca de volta a San Marco, sob uma lua cheia, Sue e eu conversamos sobre o Venissa. No início, eu desconfiava que fosse uma plataforma para promover a marca Bisol, mas minha hipótese se revelou equivocada. Trata-se aparentemente de uma tentativa sincera da família Bisol de honrar a história e as tradições de Veneza e do vinho veneziano. O que torna o Venissa tão interessante é o fato de ser uma exposição *viva* — as vinhas estão bem ali na lagoa, não são apenas pontos num mapa, e o vinho está muito concretamente na nossa taça, não é apenas um rótulo. O que, naturalmente, permite uma experiência sensorial bem mais intensa. E o projeto como um todo vai na mesma direção, mobilizando todos os sentidos: na embalagem, na localização, na pousada e no restaurante, e assim por diante.

Espero que você entenda que, voltando tranquilamente em direção a Veneza, eu pudesse imaginar que o Venissa seria O Especial: *aquele* vinho capaz de representar toda a Itália, por tudo que diz em matéria de cultura, história e vinhos. Mas inevitavelmente a força do Teorema da Impossibilidade de Batali se fez sentir. O Venissa abarca muitos significados, é complexo, profundo, mas mesmo assim não pode carregar sozinho o peso da diversificada cultura vinícola italiana. Toda região italiana devia ter o seu Venissa (e acho que muitas de fato têm, se olharmos bem de perto), porém não há um vinho único capaz de ocupar esse lugar, nem mesmo esse, tão amorosamente concebido. Contudo, não temos espaço para *todos* os vinhos italianos em nosso recipiente de oitenta garrafas. Qual o próximo passo, então?

DESVENDANDO O INDESVENDÁVEL:
QUANTOS VINHOS?

Tre Bicchieri — três taças. São palavras importantes se você estiver interessado nos vinhos italianos. O *Guia Michelin* atribui no máximo três estrelas aos melhores restaurantes da França e do resto do mundo, e talvez por esse motivo o guia *Vini d'Italia* da revista *Gambero Rosso* conceda até três taças aos melhores vinhos do país.[4] Parece um ponto de partida objetivo. Quantos vinhos poderia haver na Itália e quantos seriam dignos da suprema recompensa?

Minhas expectativas rapidamente desmoronaram quando fiz as contas. Para a edição de 2015, os editores examinaram 2.042 vinícolas e avaliaram vinte mil vinhos (e olha que foram seletivos: nem todos os vinhos e nem todas as vinícolas sequer passaram pelo teste inicial). Vinte mil vinhos! Se você ou eu tentássemos experimentar todos esses vinhos em etapas de cinco por noite, seriam necessários quase onze anos para concluir a missão. E quando terminássemos, outros milhares estariam à espera. Os provadores da *Gambero Rosso* foram rigorosíssimos, como sempre, e dessa enorme lista apenas 423 vinhos (cerca de 2 por cento) receberam a cotação *Tre Bicchieri*. Quatrocentos e vinte e três. É vinho demais. E depois?

Como de hábito, foi Sue que forneceu a perspectiva crítica. O principal é tentar pensar no vinho italiano de um jeito diferente, disse. A característica definidora dos vinhos italianos é a diversidade, e a diversidade se apresenta de inúmeras formas. Se pensarmos em termos de diversidade das variedades de uvas e dos estilos de vinho, uma infinidade de vinhos mereceria inclusão. Se pensarmos em termos de diversidade geográfica, vamos dar no mesmo beco sem saída. Mas há outras maneiras de pensar, quando se trata de vinhos.

Thomas Friedman, colunista do *New York Times*, definiu certa vez a globalização como "tudo e o seu contrário", caracterização mais útil do que poderia parecer. Como já comecei minha lista de vinhos italianos com o dourado Venissa, talvez fosse interessante dar uma olhada no lado contrário da moeda vinícola. Venissa é um lance de história e luxo, uma declaração pessoal sobre o que define os vinhos italianos. É também um exemplo do que, em outro contexto, chamei de "vinho imaginário".[5] Não é realmente imaginário — ele de fato existe. Sue e eu chegamos até a prová-lo, mas ele é produzido em quantidades tão limitadas e pode ser encontrado em tão poucos lugares que, se você não viajar até essa ilha na lagoa veneziana, as chances de desfrutar dele serão quase zero. Para todos os efeitos, ele poderia até ser pura ficção, como Phileas Fogg. Infelizmente, as revistas de vinhos estão cheias de artigos sobre espécimes inatingíveis, quase imaginários, que a maioria de nós jamais terá oportunidade de experimentar.

DO IMAGINÁRIO AO INVISÍVEL

O contrário de um vinho imaginário como o Venissa é um vinho tão onipresente que nem o levamos mais em conta. Basicamente, ele é invisível por ser ignorado. Com isso em mente e por sugestão de Sue, escolhi o Riunite Lambrusco, um vinho espumante da Emilia-Romagna (a província de Bolonha) que foi o italiano mais vendido nos Estados Unidos durante incríveis vinte e seis anos. Na verdade, é o vinho mais importado da história do país, com mais de 165 milhões de caixas até 2018.

A história do Riunite começou em 1950, quando a indústria vinícola italiana passava pela crise do pós-guerra e muitos vinicultores formaram cooperativas para produzir e comercializar seus vinhos, fosse vendendo por atacado ou com marcas próprias. Era essencialmente uma estratégia defensiva, afinal não podiam contar com vinícolas privadas para a compra de suas uvas a preços estáveis. As cooperativas foram cruciais para a sobrevivência da produção vinícola em toda a Europa nessa época, exatamente como acontecera nas crises das décadas de 1920 e 1930. Na verdade, ainda são importantes. É possível que metade do vinho produzido na Europa hoje e um quarto das garrafas em circulação no mundo venham dos tanques e barris das vinícolas cooperativadas!

Pelo que entendi, a Cantine Cooperative Riunite se formou como uma cooperativa de "segundo nível", ou seja, seus nove membros fundadores (produtores de vinho) eram por sua vez cooperativas locais da província de Reggio Emilia, e não vinicultores isolados. Uma cooperativa das cooperativas. Eles se uniram para compartilhar os custos de investimento, ratear os riscos e ganhar com a economia de escala. Os estatutos da cooperativa foram alterados em 1970 para contemplar a adesão de membros individuais. Segundo um relatório de 2012, a Riunite tinha na época 3.700 membros e doze centros de produção na

Emilia-Romagna, além de quatorze mil membros e quinze vinícolas associadas em outras regiões da Itália. Riunite é um dos maiores produtores "invisíveis" de vinho do mundo.[6]

O momento-chave no crescimento da Riunite ocorreu em 1969, quando o grupo assinou um contrato de exclusividade comercial, por dez anos, com a Villa Banfi, importadora de vinhos de Nova York, famosa atualmente por seus próprios vinhos finos, além das marcas internacionais que distribui. John F. Mariani Jr. viu no Riunite Lambrusco uma autêntica "Coca-Cola" dos vinhos, capaz de fazer sucesso na vasta classe média americana.[7] A primeira encomenda de cem caixas de Riunite Lambrusco acabou evoluindo para milhões delas. Com a ajuda da Banfi, a Cantine Riunite adaptou seu produto para o mercado americano, elevando a qualidade, reduzindo o teor alcoólico e minimizando as variações entre as safras. A Banfi também cuidava da embalagem e do marketing, tendo promovido memorável campanha publicitária na televisão, com frases de efeito como "Se você não experimentou o Riunite, não sabe o que está perdendo" (óbvio, mas verdadeiro) e esta outra, minha favorita: "*Riunite on ice… that's nice*".

O Lambrusco é melhor quando servido resfriado, e a Banfi o comercializava como um vinho a ser mantido na geladeira, para consumir a qualquer momento. Mariani pensava em tudo: introduziu uma tampa de rosquear para permitir guardar na geladeira uma garrafa não totalmente consumida. Muito mais conveniente que uma rolha. O que é muito bom![8] Não resta dúvida de que a Banfi e a Cantine Riunite estavam à frente do seu tempo em termos de adaptação às tendências de consumo, e assim continuaram ao longo dos anos, introduzindo inúmeras variações em torno do Lambrusco básico — entre elas produtos vinícolas com sabor de frutas, que representam um nicho de grande sucesso hoje, graças à grande demanda de bebidas com baixo teor alcoólico (em virtude do acréscimo do suco de fruta).

O Riunite pode ser comprado em praticamente cem por cento das lojas de bebidas nos Estados Unidos, mas por acaso você o provou recentemente? Talvez ele seja invisível demais para aparecer no seu radar. Encontramos garrafas de 750 ml e 1,5 litro do Riunite na prateleira baixa de uma gôndola de vinhos num mercadinho (US$ 4.99 e US$ 8.99 respectivamente) e experimentamos gelado. Foi bom, embora eu ache que ficaria melhor se usado na preparação de sangria. Se você não experimentou o Riunite recentemente, não sabe o que está perdendo. Para milhões de pessoas, é um vinho que traz a Itália para o paladar de cada um.

VELHOS E NOVOS AMIGOS

Como tenho direito a poucos vinhos na nossa etapa italiana, vou recorrer a velhos amigos e a alguns novos também. A família dos vinhos Antinori é bem antiga: os Marchesi Antinori representam vinte e seis gerações de vinicultores na Toscana, remontando ao ano de 1338, quando Giovanni di Piero Antinori foi aceito na Corporação de Vinicultores de Florença. O negócio familiar se manteve ao longo dos séculos e hoje é dirigido pelo Marquês Piero Antinori e suas três filhas, Albiera, Allegra e Alessia. Os vinhos vão do acessível Santa Cristina Toscano IGT, um tinto que Sue e eu tomaremos hoje no jantar, ao inovador supertoscano Tignanello. Os vinhos Antinori são produzidos na Toscana e outras regiões da Itália central, havendo no momento projetos internacionais nos Estados Unidos, Chile, Hungria, Malta e Romênia.

Os Antinori são encontrados facilmente nos Estados Unidos, mas minhas lembranças estão fortemente associadas à própria Florença e ao Palazzo Antinori na Via Tornabuoni. É onde a família abriu, em 1957, um restaurante e wine bar chamado Cantinetta Antinori, que eu frequentei quando da minha pesquisa para meu livro lançado em 1990, intitulado *Mountains of Debt* (sobre crises financeiras na Florença do Renascimento, na Grã-Bretanha vitoriana e nos Estados Unidos do pós-guerra).[9] Era possível consumir uma taça de qualquer dos vinhos Antinori a bons preços, e, assim como o vinho, a comida era ótima e acessível. Talvez por ser o prato mais barato do cardápio, eu sempre acabava pedindo *pappa al pomodoro* ("vai na sopa de pão", como nosso zombeteiro garçom favorito sempre dizia quando eu fazia o pedido). Alguns anos depois, quando voltamos à Cantinetta, os vinhos ainda estavam lá, mas o local fora tomado por turistas asiáticos endinheirados, no lugar dos universitários americanos que em certa época tinham aulas no andar de cima. E a sopa de pão continuava lá, firme e forte. Hoje, a Cantinetta tem filiais em Zurique, Viena e Moscou, disseminando internacionalmente o jeito Antinori de servir boa comida e bons vinhos. Cada uma delas tem um cardápio diferente, mas a *pappa al pomodoro* está sempre presente. Escolherei só um dos muitos vinhos Antinori para nossa lista, o Marchesi Antinori Chianti Classico Riserva DOCG, para um jantar em que vamos receber bons e velhos amigos.

O Antinori representa a história do vinho italiano e seu vínculo perene com a terra, a cultura, a convivência/hospitalidade e a cozinha. É um velho amigo em várias acepções das palavras mencionadas acima. Meu novo amigo no mundo dos vinhos é o Prosecco. Não porque o próprio Prosecco seja novo ou porque o tenhamos descoberto recentemente, mas porque ele tomou o mundo de assalto com tanta força que chegou a circular em Londres, meses atrás, o boato de que, bebendo-se tanto assim, a fonte estaria para secar. Escassez de Prosecco no horizonte! O boato era falso, mas o pânico... foi bem real. Um mundo sem Prosecco? Inconcebível. Poucos anos atrás, no entanto, ele mal era conhecido fora da Itália.

Prosecco é um vinho branco espumante de uma região do nordeste da Itália que abrange partes do Friuli-Venezia Giulia e do Vêneto. Leva o nome da região e é feito com a uva Glera, usando uma técnica inventada em 1878 por Antonio Carpenè, fundador da famosa escola de vinhos de Conegliano, onde palestrei em 2015. Um vinho tranquilo básico é produzido, como no caso do Champanhe, e se procede a uma fermentação secundária para gerar as bolhas, só que num contêiner pressurizado (uma autoclave), no lugar da garrafa. O "método italiano" de tornar os vinhos borbulhantes causa menos contato direto com o fermento e resulta em vinhos frescos e frutados.

Visitamos alguns produtores em nossa estada nas terras do Prosecco, entre eles Carpenè Malvolti, Paladin, Ponte (uma cooperativa), Borgoluce, Bisol (a família por trás do Venissa), Mionetto, Sorelle Bronca e Silvano Follador, minúscula empresa administrada por um casal de irmãos. Nesse percurso, passamos pela grande vinícola La Marca, cooperativa de cooperativas que produz o Prosecco mais vendido nos Estados Unidos. O Prosecco transformou a maneira como muitos consumidores encaram o vinho espumante, revigorando o mercado em todos os quadrantes.

Quais Proseccos devemos escolher para nossa coleção? A escolha de certa maneira é arbitrária, pois o Prosecco tem muitos estilos, entre eles um interessante Prosecco tranquilo produzido por estudantes, que nos foi oferecido pelos mestres na escola do vinho de Conegliano. Sinto-me inclinado a escolher o

Carpenè Malvolti por sua tradição histórica e o Silvano Follador por estar associado a uma especial filosofia do vinho, mas são muitas as boas escolhas. O que elas têm em comum? Alta qualidade e grande ambição. E também o Teorema da Impossibilidade de Batali. Esses (assim como os outros vinhos que mencionei aqui) são produtos de lugares e épocas específicos. Nenhum vinho sozinho pode representar a Itália, mas todos expressam algo da sua essência.

E aqui encerramos o capítulo da Itália. Falta apenas o *fare un brindisi*, ou seja, erguer nossas taças (de Prosecco) para brindar ao Teorema da Impossibilidade de Batali e dar prosseguimento à nossa expedição ao redor do mundo.

Os Vinhos
Venissa Venezia, Isola di Mazzorbo, Vêneto, Itália

Riunite Lambrusco, Emilia-Romagna, Itália

Marchesi Antinori Chianti Classico Riserva DOCG, Toscana, Itália

Carpenè Malvolti Conegliano Valdobbiadene Prosecco Superiore, Vêneto, Itália

Silvano Follador Valdobbiadene Prosecco Superiore di Cartizze Brut Nature, Vêneto, Itália

Capítulo 4

Síria, Líbano e Geórgia

As Guerras do Vinho

Ao deixar a Itália, Phileas Fogg rumou para o Cairo e o Canal de Suez, o que era na época, e provavelmente ainda é, o caminho mais rápido da Europa para a Índia por rotas terrestres e marítimas convencionais. O Canal atraiu Fogg para o Oriente Médio, mas no nosso caso uma outra força nos impele. A história do vinho está profundamente enraizada nessa região. Provas de produção antiquíssimas de vinhos foram encontradas no Monte Ararat, por exemplo, na atual Turquia. (Videiras de Noé na área onde a arca teria atracado? Provavelmente não, mas interessante.) E foram os fenícios e depois os gregos que levaram o vinho para a Itália e a França, de onde se espalhou pelo mundo. Avançando em nossa jornada para entender o que se sabe do vinho, parece que também estamos recuando na história do vinho.

Fenícia? Onde fica? Essa Terra das Palmeiras, ao que nos dizem, compreendia territórios que hoje fazem parte do Líbano, da Síria e do norte de Israel. Em épocas longínquas, esses lugares tinham muito em comum e o vinho estava no topo da lista. Não devemos esquecer o famoso episódio em que Jesus transformou água em vinho no banquete de Caná. E esta é apenas a ponta do iceberg bíblico, como Randall Heskett e Joel Butler revelam em seu fascinante livro *Divine Vintage: Following the Wine Trail from Genesis to the Modern Age*.[1] Hoje em dia, essas regiões têm, infelizmente, mais algumas coisas em comum: instabilidade, conflito, guerra.

GUERRA E VINHO

Vinho e guerra não combinam muito bem. O vinho precisa de paz para o cultivo das uvas e a colheita, que não pode ser adiada nem reagendada para um momento e um lugar mais convenientes. Os vinhos precisam de paz para fermentar, amadurecer e se desenvolver. Durante séculos o vinho dependeu de rotas comerciais pacíficas para ir dos lugares de produção a consumidores espalhados por toda parte. Se a pomba branca não fosse um símbolo tão poderoso, eu sugeriria usar a taça de vinho para representar sentimentos pacíficos.

É muito pequena a expectativa imediata de uma época de paz e dos vinhos que dela podem resultar na Síria e no Líbano, e desde o início nossa intenção, no caso deste capítulo, era mesmo investigar a relação entre o vinho e as guerras nessa que é uma das regiões vinícolas mais conturbadas do planeta.

Muitos livros foram lançados sobre a relação do vinho com as guerras, mas nem sempre são exatamente o que parecem. O livro que lancei em 2011, por exemplo, fala sobre as guerras que envolvem o vinho, mas não trata propriamente de terroristas, e sim de *terroiristes*.[2] *Wine Wars* se detém nas guerras *no interior* do mundo dos vinhos. O que é o vinho e o que deveria ser? É um produto industrial de produção em massa concebido por marqueteiros e fabricado segundo especificações uniformes? Ou um produto natural vinculado para sempre a épocas e lugares específicos? O vinho é as duas coisas ao mesmo tempo, claro, com todo um espectro de outras coisas entre uma e outra, mas é inevitável a batalha a respeito da direção em que ele vai avançar: para o global e o comercial ou para mais perto do natural e do território dos "*terroiristes*"?

As guerras que descrevo em *Wine Wars* são constatadas praticamente em todo lugar onde o vinho seja feito ou consumido, e na verdade as forças que examinei não se limitam a ele. A batalha entre o que é global e o que é local, para considerar apenas uma parte do debate, transcorre em muitas frentes, assim como a tensão entre a padronização e o artesanal, o dinheiro e a arte. Mas será que essa guerra é o mais importante no Líbano e na Síria, onde as explosões de morteiros e as ameaças terroristas representam um motivo tão concreto de preocupação? Não, um outro livro é que parece vir mais ao caso aqui. Refiro-me a *Vinho e guerra: os franceses, os nazistas e a batalha pelo maior tesouro da França*, de Don e Petie Kladstrup.[3] Trata-se de um dos livros sobre vinhos mais populares de todos os tempos, e não é difícil entender por quê.

Vinho e guerra mostra de que maneira a guerra afeta todos os aspectos da vida, até mesmo (ou talvez especialmente) o vinho. Descreve os esforços dos vinicultores franceses para proteger os vinhedos, preservar seus tesouros de vinhos finos e enfrentar a dura realidade da ocupação nazista na Segunda Guerra Mundial. E por fim, quando a paz chega, há o problema de reconstruir o que foi perdido, missão marcada pela famosa safra de 1945. Mentiras, fatos, heróis, vilões e traidores: uma série de histórias com todos os ingredientes. Borgonha e Bordeaux aparecem com destaque, claro, assim como o Champanhe Pol Roger com que brindamos à nossa jornada no primeiro capítulo. Hitler ordenou que a excepcional safra de 1928 do vinho favorito de Winston Churchill fosse mandada mensalmente para Berlim de navio, assim como milhões de garrafas de Champanhe de outros produtores e grandes vinhos franceses em geral. Ao vencedor, as batatas!, como se diz, mas ninguém lembrou que às vezes eles também são agraciados com vinhos maravilhosos. De qualquer maneira, é o tipo de história de guerra que viemos explorar nesta nova etapa do nosso percurso.

O VINHO MAIS PERIGOSO DO MUNDO

O Domaine de Bargylus é, provavelmente, o vinho mais perigoso do mundo. Você talvez entenda por que se eu disser que suas vinhas se encontram na Síria, nas encostas de Jebel al-Ansariyé, outrora conhecidas como Monte Bargilus, não muito longe do litoral mediterrâneo. A região produziu vinhos durante séculos, e uma autoridade como Plínio, o Velho, o "Robert Parker" romano, se referiu a sua qualidade, mas o vínculo com a guerra é fortíssimo. A produção de vinhos prosperou na Síria, por exemplo, depois que os romanos derrotaram o Rei Mitrídates VI em 63 a.C. e ocuparam o território. Já se produziam vinhos na região, naturalmente, mas os vinhedos foram ampliados, sendo estimulado um ativo comércio vinícola regional. A indústria vinícola se expandiu e se retraiu ao longo dos séculos em função das políticas e crenças do Estado, mas o vinho sempre deu um jeito de perdurar, ainda que às vezes em escala ínfima.

Como será que o vinho sobreviveu às longas décadas do domínio otomano iniciado em 1516 e concluído quatro séculos depois? A proibição muçulmana de bebidas alcoólicas não se estendia ao uso do vinho com finalidade religiosa, o que representava uma óbvia brecha para os produtores cristãos de vinho, e com efeito o atual Domaine de Bargylus está situado bem perto de Deir Touma, que significa "Convento de Tomás". A produção de vinho voltou a prosperar depois da Primeira Guerra Mundial, quando o Tratado de Versalhes confiou essa região do Oriente Médio à administração francesa, que separou o Líbano da Grande Síria. A Síria se tornou independente em 1946 e a República Árabe da Síria seria fundada em 1963.

Os últimos cinquenta anos não têm sido nada pacíficos, e a situação no momento em que escrevo é calamitosa. O Domaine de Bargylus em certa medida se manteve isolado da violência da guerra civil desencadeada depois da "Primavera Árabe" em 2011, pois os vinhedos ficam bem próximos de Latáquia, o centro de poder do Presidente Bachar al-Assad. Recentemente, contingentes da organização armada que se intitula Estado Islâmico entraram em ação, e hoje produzir vinhos ou fazer qualquer coisa na Síria é difícil e perigoso. Milhões de sírios fugiram do país. E, no entanto, mesmo em ambiente tão hostil, vinhos seguem sendo produzidos.

O Domaine de Bargylus e seu vinhedo irmão, Château Marsyas, no Vale do Bekaa, no Líbano, são resultado da determinação de uma família empenhada em preservar tanto o vinho como a história do vinho na Síria. Certos amigos não acreditam inicialmente quando lhes falo do Domaine de Bargylus e reconheço que a história é quase inacreditável. Pois aqui vai ela.

A família Johnny R. Saadé é de cristãos ortodoxos com profundas raízes tanto na Síria como no Líbano. Está envolvida com o comércio desde o século 18 e, sob a direção de Johnny e seus filhos, Karim e Sandro, montou um diversificado complexo de negócios, abrangendo transportes, turismo, imóveis e finanças. Como a família atravessou o período da administração francesa do território, talvez não surpreenda que os Saadé tenham contraído o vírus do vinho. Karim e Sandro começaram a buscar possíveis oportunidades de investimento no terreno dos vinhos, talvez no Bordeaux, que inicialmente era o favorito do pai, ou nos vinhos do Rhône, que ele também apreciava muito. No fim das contas, decidiram investir mais perto de casa, na Síria e no Líbano, e contrataram um "vinhateiro voador", o famoso consultor de Bordeaux Stéphane Derenoncourt, para aconselhá-los em matéria de vinhedos e produção de vinhos. O principal era encontrar os melhores terrenos para as vinhas e produzir vinhos de alta qualidade.

Os detalhes sobre essas vinhas e vinícolas são muito interessantes, mas é o esforço humano no sentido de cultivar uvas e produzir e comercializar vinhos que eu acho mais apaixonante. Uma reportagem de 2014 na *Al Jazeera* dá bem a medida do que estou dizendo.[4] Nem a família Saadé de Beirute nem o consultor Derenoncourt tinham como visitar os vinhedos, por questões de fronteira, e assim tiveram de recorrer a uma supervisão por controle remoto, via telefone celular e e-mail. Os engradados de uvas em processo de amadurecimento eram mandados de táxi da Síria para o Líbano para serem analisados, até o momento em que, segundo outra notícia, nem os táxis conseguiam mais passar. Foguetes eram lançados nos vinhedos, destruindo tanto as parreiras como equipamentos de difícil substituição. Os quinze funcionários locais dão muito valor ao emprego, numa área de alto índice de desemprego, mas os riscos também são altíssimos. Fogo cruzado, bombardeios e a possibilidade de sequestros tornam a região perigosíssima para qualquer trabalhador.

Em agosto de 2014, por exemplo, ocorreram combates perto dos vinhedos entre facções islâmicas e as forças de Assad. Bombas explodiram nos vinhedos e os trabalhadores tiveram de fugir para se proteger. Durante algum tempo não ficou claro se seria possível colher as uvas, muito menos no bom momento de maturação. Derenoncourt se refere às três últimas safras como "vinhos de guerra". O conflito ameaça os vinhedos e a vinícola diretamente, e o eventual resultado dos combates é motivo de grande preocupação. Uma vitória do Estado Islâmico significaria a introdução da Lei da Sharia, com a proibição de bebidas alcoólicas, e, na melhor das hipóteses, o fim do empreendimento ou, na pior, a morte de todos os envolvidos. Para piorar a situação, o conflito na Síria agrava a instabilidade no Vale do Bekaa, coração da indústria vinícola libanesa e próxima etapa do nosso itinerário.

O HOMEM DO ANO

A volta ao mundo de Phileas Fogg em oitenta dias foi cuidadosamente plane-jada e perfeitamente organizada na teoria, mas, na prática, eivada de acidentes, coincidências e acontecimentos inesperados. A sorte e o azar desempenharam papéis importantes no desenrolar do drama, e o que se aplicava no caso do personagem de Júlio Verne aparentemente também se aplica no meu. Quando comecei a planejar este capítulo, não estava pensando na Síria, tampouco na família Saadé, no Domaine de Bargylus ou no Château Marsyas. A inclusão na história resultou do fator sorte, à medida que eu me informava mais sobre a região. Meu plano inicialmente era muito simples. O Líbano era uma história de um homem com o seu vinho.

Quando a *Decanter*, publicação do Reino Unido que se intitula "a melhor revista de vinhos do mundo", instituiu em 1984 o prêmio "Homem do Ano" por "serviços prestados ao vinho", era possível escolher entre uma infinidade de candidatos. E, de fato, entre as futuras "Personalidades do Ano" (como o prêmio passou a ser chamado) estariam Laura e Corinne Mentzelopoulos, de Bordeaux (1985), o Marquês Piero Antinori (1986), Robert Mondavi (1989), o Professor Émile Peynaud (1990), Michael Broadbent (1993), May-Eliane de Lencquesaing (1995), Hugh Johnson (1996) e Jancis Robinson (1999). A lista vai muito além.

Deve ter causado surpresa a divulgação do nome do primeiro contem-plado: Serge Hochar, do Château Musar, do Vale do Bekaa, no Líbano. "Ninguém no mundo do vinho terá ocupado função tão absurdamente difícil e perigosa, conseguindo coroá-la com êxito", dizia o anúncio da *Decanter*. "Produzir vinho em circunstâncias assim já é algo notável, mas produzir vinhos excelentes é mesmo extraordinário."

A revista estava certa ao afirmar que o simples fato de produzir esse vinho era um desafio hercúleo. Um dos grandes feitos de Serge Hochar, segundo ele mesmo, foi perder apenas duas vindimas por causa do conflito. A guerra impediu a colheita em 1976, e, em 1984, a violência comprometeu a cadeia de abaste-cimento. A vinícola fica longe dos vinhedos, decisão estratégica tomada ante a possibilidade de uma invasão síria do Vale do Bekaa. Dois carregamentos foram enviados à vinícola, um por terra e o outro de barco. Ambos foram retidos por muito tempo e as uvas começaram a fermentar espontaneamente nos caixotes. O vinho foi produzido assim mesmo, mas não foi possível distribuir a tempo, o que originou uma segunda falha decorrente da guerra na cadeia da vindima. "Esse vinho é um tributo à determinação de Hochar", escreveram Heskett e Butler, que deram um jeito de prová-lo, "ele é único e delicioso, com um toque amadeirado e forte ressaibo de terra."[5] "Para os outros, o problema é o tempo, para nós, é a guerra", declarou Hochar.

Criação de Gaston Hochar, pai de Serge, o Château Musar nasceu em 1930, na época da ocupação francesa. A influência francesa então era muito forte; na Segunda Guerra Mundial, Beirute era conhecida como a Paris do Oriente Médio por sua importância nos setores bancário e financeiro e pela forte influência cultural francesa, que, naturalmente, se estendia aos vinhos.[6] O próprio Serge nasceu em 1939 e mais tarde passaria a trabalhar na vinícola ao lado do irmão Ronald, que cuidava dos aspectos empresariais, enquanto Serge se encarregava da adega. A vindima de 1954 foi a primeira em que se incumbiu da produção dos vinhos brancos, e dois anos depois, em 1956, ele também assumiria os tintos. Desejoso de produzir vinhos da mais alta qualidade, foi para Bordeaux estudar com outro nome da lista da *Decanter*, Émile Peynaud, possivelmente uma das figuras mais notáveis da história do vinho no século 20. Peynaud foi pioneiro de uma concepção da produção de vinhos que poderia ser considerada científica e modernista, tendo combatido vigorosamente a sujeira nas adegas e as práticas de produção semiamadorísticas baseadas apenas na intuição. Seu objetivo era produzir vinhos sempre límpidos e vibrantes — nada "arriscado" nem defeituoso —, desde as práticas adotadas na colheita a todo o resto da cadeia produtiva.

O problema da produção de vinhos de qualidade deu lugar a outro desafio quando, em 1979, a instabilidade e a violência de uma guerra civil fizeram com que o decisivo mercado vinícola nacional, que tradicionalmente absorvia a maior parte da produção, evaporasse. Agora a questão era como conquistar uma reputação internacional mais forte para os vinhos e sair em busca dos mercados de exportação com afinco ainda maior. Serge Hochar fez as malas, pegou seus vinhos e pôs o pé na estrada, tornando-se um eficiente embaixador do seu produto e da indústria libanesa. "Praticamente não havia um evento vinícola internacional ao qual ele não comparecesse", testemunha Michael Broadbent.

"Ele era conhecido no mundo inteiro." Um momento crucial ocorreu na Feira do Vinho de Bristol, em 1979, quando Broadbent conferiu ao Château Musar 1967 o prêmio principal, o que significou um reconhecimento imediato no mais importante mercado vinícola do mundo. Seguiu-se um artigo na *Decanter*, e seria fácil dizer que o resto já é história, mas na verdade ainda foi necessário muito trabalho duro ao velho estilo. O Château Musar chegou atualmente a uma produção de cinquenta e oito mil engradados e a reputação internacional também cresceu. O Vale do Bekaa abriga hoje quarenta vinícolas, um crescimento espetacular em comparação com as cinco dos tempos da guerra civil, sem dúvida muito poucas para uma região onde houve em certa época um templo dedicado a Baco, o deus romano do vinho. Serge Hochar certamente não foi o único responsável por isso, mas seu papel foi importante e digno, segundo todos reconhecem, da homenagem da *Decanter* em 1984.

O NATURAL

Não tive oportunidade de conhecer Serge Hochar, que morreu inesperadamente em 2014, mas queria ter uma ideia mais pessoal a seu respeito, e por isso Sue e eu fomos ao encontro de Bartholomew Broadbent, o importador americano dos vinhos Château Musar. Bartholomew conheceu Serge Hochar por intermédio do pai, Michael Broadbent, e desenvolveu com ele um relacionamento muito próximo, chegando a chamá-lo de seu segundo pai. Eu sabia o que queria perguntar a Bartholomew no almoço e achava que sabia qual seria a resposta. O que Hochar terá deixado como legado? Pelo que será lembrado? Eu estava praticamente certo de que a resposta diria respeito às qualidades de determinação e otimismo frente à guerra, à instabilidade e ao caos, qualidades pelas quais ele fora homenageado pela *Decanter* trinta anos antes. Mas estava errado.

"A produção natural de vinhos", respondeu Broadbent sem um instante de hesitação. Serge Hochar não será lembrado tanto pela guerra no Líbano, dizia ele, mas por um outro tipo de guerra dos vinhos: a guerra do tipo *terroiriste*. Fui apanhado de surpresa, pois embora soubesse que o Château Musar fora um dos primeiros exemplos de viticultura orgânica no Líbano, não sabia que o movimento em favor do vinho natural via em Hochar o seu "chefão".[7]

O movimento em favor do vinho natural está para o vinho industrializado assim como o movimento Slow Food para a comida industrializada, representando ao mesmo tempo um protesto e uma alternativa. A ideia do vinho natural é minimizar a manipulação e a intervenção tanto nos vinhedos como na adega, para que o vinho reflita da melhor maneira possível as condições naturais de sua produção.

Os adeptos do vinho natural invocam a filosofia e a química ao se posicionarem contra a manipulação e a intervenção, com mínima utilização de dióxido de enxofre. Caminham numa corda bamba, tentando alcançar maior qualidade ao mesmo tempo que correm o risco de produzir um vinho "arriscado" ou defeituoso. Se o vinho nem sempre for imaculadamente límpido, talvez isto seja algo a ser apreciado (mais ou menos como uma deliciosa maçã orgânica, com algumas manchas na casca). O vinho natural tem muitos fãs e defensores, e entre os mais ardorosos está Alice Feiring, que incluiu o Château Musar na sua lista dos vinhos naturais icônicos. "Antes do fim da década de 60, eles não usavam enxofre algum", escreve ela, "e depois, durante algumas décadas, apenas um frasco." Serge Hochar andava no fio da navalha, correndo riscos para conseguir algo especial.

A ironia disso, claro, é que correr o risco da imperfeição e dos defeitos é a última coisa que se poderia esperar de um aluno de Émile Peynaud! Serge Hochar conhecia as regras, mas não dava bola para o senso comum. Dispunha-se a assumir grandes riscos para alcançar resultados excepcionais, mesmo com a possibilidade de eventualmente nem ter uma vindima, por causa da conjunção entre vinho e guerra, e correndo riscos de um outro tipo nas guerras *terroiristes* do vinho. Não é exatamente a história que eu achei que contaria sobre a conjunção vinhos/guerra, mas é uma história inspiradora, concorda? Serge Hochar, "O Natural" e ao mesmo tempo Homem do Ano.

Mas e o vinho? O Château Musar Rouge é um *blend* (mistura ou vinho de corte) de uvas Cabernet Sauvignon, Carignan e Cinsault de vinhas muito antigas. Esses vinhos precisam ser envelhecidos (o que os críticos do vinho natural poderiam considerar impossível), sendo mantidos na vinícola para amadurecimento por muito mais tempo do que costuma acontecer com outros vinhos. Em 2014, comprei uma garrafa da safra 2003 no duty free do aeroporto londrino de Heathrow. Era delicioso e bem característico, evidenciando a idade,

50 ～ A VOLTA AO MUNDO EM 80 VINHOS

mas de um jeito bom. Num comentário de degustação que encontrei sobre a safra de 2004, havia adjetivos como barrento, arriscado, raçudo e felpudo, o que definitivamente não era o caso da de 2003. Adjetivos assim não fazem parte do vocabulário de Émile Peynaud, mas não são estranhos ao léxico do vinho natural.

AS GUERRAS DO VINHO NA GEÓRGIA

Travei conhecimento com outra combinação entre vinho e guerras ao ser convidado a viajar à República da Geórgia em 2016, para falar na primeira conferência global de turismo vinícola da Organização Mundial do Turismo das Nações Unidas (OMT).[8] A Geórgia, que se considera "o berço do vinho", contando até hoje oito mil vindimas, é provavelmente o país mais voltado para o vinho. Praticamente todo mundo bebe vinho, a maioria das famílias produz para uso próprio e para compartilhar com os amigos, e a importância cultural do vinho e das vinhas pode ser constatada de todas as maneiras, de monumentos patrióticos da época soviética a uma iconografia religiosa multissecular (Santa Nina, que converteu a nação ao cristianismo no século 4, confeccionou uma cruz com folhas de parreira amarradas com o próprio cabelo). Quando alguém organiza um casamento ou qualquer celebração na Geórgia, segundo nos dizem, manda a tradição que se separem dois litros de vinho para as mulheres e três para os homens. Sério.[9] A Geórgia é mesmo um bom lugar para os amantes do vinho.

A Geórgia sabe muito bem o que é uma guerra. País de dimensões compactas, localiza-se numa importante encruzilhada geopolítica e é surpreendente que sua língua e sua cultura tenham sobrevivido a todos os diferentes impérios e potências estrangeiras que a invadiram, mas não necessariamente a conquistaram, ao longo dos séculos. A Geórgia resiste, o que também se aplica ao seu vinho, embora inúmeras vezes tudo parecesse conspirar contra. Uma velha tradição de produção de vinhos naturais foi coibida nos longos anos de domínio soviético. O objetivo era a quantidade, e não a qualidade, e se construíram fábricas gigantescas para produzir vinhos tintos baratos e semidoces para o mercado russo. Esse padrão não mudou muito nos primeiros anos da independência pós-comunista, pois o mercado russo de exportação ainda dava as cartas. Mas alguns georgianos começaram a experimentar uma produção vinícola natural de alta qualidade, usando uvas de cultivo orgânico e intervenção mínima nas tradicionais *qvevri*, vasilhas de argila em forma de ovo que são enterradas para um controle natural da temperatura. Essas *qvevri* podem ser encontradas em toda parte na Geórgia, e para mim são ao mesmo tempo uma ferramenta de produção vinícola e símbolo de uma longa tradição. Muitos dos vinhos naturais produzidos dessa maneira são espetacularmente bons e podem ser encontrados em restaurantes como o Noma em Copenhague, com frequência considerado um dos melhores do mundo. Tente encontrar vinhos naturais georgianos produzidos em *qvevri* em bares especializados perto de você, embora deva adverti-lo de que são produzidos em quantidades ínfimas, não sendo, portanto, fáceis de achar. Talvez você precise visitar a Geórgia para degustá-los, então... foi o que fizemos.

Muitos dos vinhos *qvevri* naturais que provamos na Geórgia eram delicados. Os produtores evitam sulfitos e outros conservantes, dispondo-se, como Serge Hochar, a assumir certos riscos para criar algo relevante no terreno do vinho. Os vinhos também são potencialmente frágeis no sentido econômico, pois dependem da demanda externa. A Geórgia é um país pequeno (população de aproximadamente 5 milhões) e pobre, também. Segundo o Banco Mundial, a renda per capita fica em torno de US$ 5.000 (em comparação, por exemplo, com US$ 10.000 no México). A pobreza no meio rural é um problema sério, longe das luzes brilhantes da capital, Tbilissi. O mercado interno de vinhos naturais de alta qualidade, portanto, é limitado pelos preços altos e a disponibilidade da produção nacional menos cara. A maior parte da produção de vinhos naturais é exportada para a Itália, França, Dinamarca, Japão e outros países ricos. De certa maneira, assim, a sobrevivência desse elemento das tradições vinícolas da Geórgia depende do desenvolvimento de um mercado global para seus produtos, o que parece provável, mas num contexto de concorrência global. Tendo sobrevivido à dominação soviética, o vinho georgiano agora precisa negociar com o capitalismo globalizado!

Vou acrescentar ao nosso engradado uma garrafa de vinho natural produzido pelo talentoso, determinado e humilde Iago Bitarishivili, em homenagem à bem-sucedida teimosia da Geórgia. Iago produz apenas cinco mil garrafas desse vinho por ano em sua pequena adega, usando Chinuri, uma uva nativa. Esse vinho branco é fermentado na casca, sendo, consequentemente, o que costumamos chamar de um "vinho laranja", embora os georgianos o chamem de "dourado" — e acho que têm razão. Temos aqui um bom lembrete de que as guerras do vinho são combatidas em muitos campos de batalha, e às vezes o mocinho ganha.

O VINHO QUE NÃO ESTAVA LÁ

Eu julgava ter concluído este capítulo quando recebi um e-mail de Bartholomew Broadbent. Ele perguntava se eu gostaria de conhecer Marc Hochar e provar safras mais velhas do Château Musar. Claro! Marc é o filho de Serge que administra as questões comerciais da vinícola, enquanto seu irmão Gaston produz o vinho. Sue e eu então fomos degustar e conversar. O que Émile Peynaud achava da determinação do pai dele na produção de vinhos naturais, obedecendo a critérios que nada tinham a ver com os do próprio Peynaud? Os dois tinham conversado a respeito, respondeu Marc, e Peynaud disse que entendia e tomava nota da diferença entre *savoir* e *savoir-faire*. Quando as regras são conhecidas, é possível entender quando e onde desrespeitá-las. E era o que Serge Hochar fazia, chegando a levar as coisas ao extremo, produzindo vinhos nas mais absurdas circunstâncias e com o que estivesse disponível nos vinhedos, fosse bom, ruim ou até feio.

Meu coração quase parou quando Marc abriu o porta-vinhos e tirou uma garrafa com a inscrição 1984. Esse vinho não existe, disse eu. Uma das duas safras que não tinham sido produzidas. Não, corrigiu-me Marc, ela foi produzida, mas não distribuída. Até agora.

Curioso a respeito do vinho, Bartholomew Broadbent tinha solicitado uma amostra em 2015 e pretendia servi-lo numa degustação vertical de vinhos Château Musar. Mas ele abriu uma garrafa e sentiu um cheiro horrível — do tipo que dá medo de passar mal mesmo que com um só gole. Retirou então o vinho da programação, mas voltou a ele por curiosidade um pouco depois e constatou que havia mudado completamente. "Eu não acreditava no cheiro que estava sentindo", contou-me. O vinho voltou para a degustação. "Milagrosamente, prova de que o Château Musar é uma entidade viva, ele tinha melhorado tanto, em apenas três horas respirando, que no fim das contas foi eleito o melhor vinho." Finalmente pronto para ser bebido, o vinho foi comercializado mais de trinta anos depois de colhidas as uvas.[10]

E assim pudemos degustar aquele vinho de guerra, feito com uvas que fermentavam espontaneamente na imprevista e lenta viagem de barco até a vinícola. Ele de fato parecia ter a idade dos anos transcorridos, com um sabor combinando xerez envelhecido e vinho do Porto. Mais interessante que delicioso. Um vinho para ser avaliado, e não tragado. A guerra é inimiga do vinho, mas esse vinho tão natural perdurou, exatamente como o espírito do homem que o produziu.

Os Vinhos

Château Musar Red, Vale do Bekaa, Líbano

Domaine de Bargylus Red, Síria

Iago's Wine Chardakhi Chinuri, República da Geórgia

Parte II

CONTORNANDO O CABO

Capítulo 5

Espanha

El Clásico

A viagem do vinho até a Europa Ocidental e mais além, a partir do seu berço na Ásia Central e no Oriente Médio, percorreu dois caminhos diferentes enquadrando o Mar Mediterrâneo. A rota setentrional passou pela Grécia e depois Roma, seguindo para a França através da Europa, para afinal chegar ao resto do mundo. É o que o vinho representa para nós, uma bebida de raízes fincadas na Europa meridional, mas de alcance mundial.

Mas houve outra rota. Os berberes e fenícios se estabeleceram no litoral mediterrâneo da África do Norte, levando suas videiras e seus vinhos a regiões que hoje são a Tunísia, o Marrocos e a Argélia. É a rota que tomaremos a caminho da Espanha.

O BOOM (E A RUÍNA) DO VINHO NO NORTE DA ÁFRICA

África do Norte? Mas não é o Deserto do Saara? Não é seco e quente demais para o cultivo de uvas? Quase. Assim como o Vale de Barossa na Austrália, no Hemisfério Sul (em latitude e proximidade do mar equivalentes), os vinhedos norte-africanos ficam num limiar entre o deserto e as praias. Uma região em que as videiras floresceram durante séculos, mas a indústria só prosperou de fato sob a influência dos franceses, que anexaram a Argélia em 1830. Os colonos franceses bebiam vinho, naturalmente, e também o produziam. Exportavam para a França, onde ele rapidamente encontrou um mercado consumidor. Alguns desses vinhos ganharam prêmios em competições na França, mas em sua maioria eram usados em misturas. A título de exemplo, misturavam-se vinhos argelinos escuros e fortes com vinhos mais claros ou de uma vindima aquosa para torná-los mais atraentes. Os vinhos norte-africanos foram o remédio que curou os males do vinho francês.[1]

O investimento nos vinhos norte-africanos aumentou quando os vinhedos franceses foram infestados pela praga filoxera, a partir de 1863. Alguns vinicultores franceses que viam o seu futuro morrer nas videiras do próprio país pegaram um avião para a África do Norte. A produção na Argélia aumentou de cerca de vinte e cinco mil hectolitros em 1854 para quatrocentos mil em 1880, 5 milhões em 1900 e 10 milhões em 1915.[2]

Quando afinal os vinhedos franceses recuperaram a boa saúde, o vinho argelino estava tão integrado à indústria francesa que parecia impossível fazer a separação. Na virada do século 20, o vinho representava metade das exportações da Argélia e um terço da renda nacional. Os vinicultores franceses exigiram e obtiveram muitas medidas de proteção, desde tarifas de importação a uma regulamentação cada vez mais rigorosa para limitar a mistura com vinhos norte-africanos.[3] Apesar desses esforços, a viticultura era, em 1960, responsável pelo maior número de empregos agrícolas na Argélia. Com cerca de 360.000 hectares de plantações de videiras, a Argélia era o maior exportador mundial de vinhos e o quarto produtor, depois da Itália, da França e da Espanha! Juntos, Argélia, Marrocos e Tunísia respondiam por dois terços do comércio mundial de vinhos.[4] Esses países do Norte africano eram a Opep do vinho. Incrível.

O que aconteceu com o Grande Vinho Norte-Africano Spigot? A guerra dos argelinos para se tornarem independentes da França na década de 1960 foi sabidamente brutal, deixando feridas profundas em ambos os lados. O comércio de vinhos desapareceu primeiro, e depois o próprio vinho, tendência que se acelerou com o aumento de influências culturais muçulmanas. Ainda são produzidos vinhos, alguns excelentes, mas o boom ficou para trás há muito tempo. Cabe apenas esperar que, no futuro, o vinho recobre seu lugar histórico nessa região. Eu gostaria de acrescentar um vinho argelino à nossa coleção, por causa do episódio ímpar que representa na história mundial do vinho, e vou então escolher um *blend* multirregional chamado Cuvée du Président — ao qual há quem se refira como "Château Couscous", porque a certa altura era onipresente em restaurantes argelinos e "mediterrâneos" do Sul da França, nos quais todo prato vem acompanhado de montanhas de um perfumado cuscuz. Como lembrança de uma época em que o vinho argelino fluía como água na França, é uma excelente aquisição para nossa lista.

E agora, rumo à Espanha. Há milhares de anos medram uvas na Península Ibérica, e os cartagineses e romanos por sua vez as cultivavam, produzindo vinhos. O vinho persistiu mesmo depois da invasão moura no século 7. O vinho espanhol evoluiu de uma maneira bem própria em dezenas de regiões que muitas vezes pouco tinham em comum. O que hoje significa, para nós, um verdadeiro quebra-cabeça de regiões, uvas e vinhos, incluindo o xerez, que é um mundo à parte (e provavelmente merece um capítulo próprio). Como entender o vinho espanhol (ou os vinhos da Espanha, no rastro do Teorema da Impossibilidade de Batali)? Eu tenho uma ideia, mas fará mais sentido se você for fã de futebol.

A RIVALIDADE

Há anos a Espanha é um enigma e um paradoxo para os torcedores de futebol. Até recentemente, a Espanha era um país de grandes times, mas com uma seleção nacional decepcionante (a decepção acabou em 2010, quando o país se sagrou campeão da Copa do Mundo na Cidade do Cabo). Como era possível que um país cujos times sobressaíam internacionalmente fizesse feio como seleção? Uma explicação era que a feroz competição entre os times dos clubes espanhóis de certa maneira limitava a coesão necessária para uma grande equipe nacional. Significativamente, as rivalidades não se manifestavam somente nos esportes, mas também em coisas mais importantes, o que talvez explique o fato de serem tão definidoras. A maior rivalidade de todas chama-se El Clásico: Real Madrid *versus* Barcelona.

Para a maioria dos telespectadores estrangeiros, El Clásico é um jogo entre um time de camisas brancas, de Madri, e outro de azul e grená, de Barcelona. Mas para os espanhóis é um choque de culturas. O Real Madrid representa a dominação de uma autoridade central na política, na economia e na cultura. Antes da democracia, era o time do ditador, uma ferramenta de *soft power* contribuindo para projetar a autoridade do General Francisco Franco nas diferentes regiões do país. Dizem que Franco não ligava muito para futebol, mas o Real Madrid era útil para ele, e as vitórias do time também eram suas vitórias. Na busca do sucesso, o Real Madrid muitas vezes contratava treinadores e jogadores estrangeiros (chamados *galácticos*), como o português Cristiano Ronaldo e, em passadas épocas de glória, os lendários Alfredo Di Stéfano, da Argentina, e Ferenc Puskás, da Hungria.

A cidade de Barcelona tem o seu time, a sua filosofia política antiditatorial e até uma língua própria. É a capital da Catalunha, que era perseguida pelo regime de Franco, assim como outras regiões de forte cultura local. Havia momentos em que a única maneira de os patriotas catalães protestarem contra a opressão era torcendo para que seu time vencesse El Clásico. O time do Barcelona também buscava ajuda estrangeira, especialmente no craque Johan Cruyff, que aperfeiçoou o chamado "Futebol Total" no Ajax e na seleção holandesa, antes de jogar pelo Barcelona e se tornar seu treinador.

Durante décadas, a ironia do futebol espanhol estava no fato de os times do El Clásico serem excepcionais, mas a seleção espanhola, não. Por quê? O problema foi resolvido, mas não foi dada uma resposta com a vitória na Copa do Mundo de 2010, conquistada por jogadores de toda a Espanha praticando um estilo de jogo de passes rápidos que aos olhos dos veteranos parecia uma variação do futebol total de Cruyff. Embora Franco tenha morrido há muito tempo, perdura a tensão entre o centro de poder em Madri e uma Barcelona cosmopolita e sempre voltada para o exterior. Em 2015, por exemplo, os catalães foram às urnas para um referendo sobre a independência em relação à Espanha. A bandeira catalã (costurada nas camisetas de todos os jogadores do Barcelona) tremulava em toda parte, e o rompimento político não foi aprovado por uma margem muito pequena de votos.

MAS NÃO ESTAMOS AQUI PARA FALAR DE VINHOS?

E o que tudo isso tem a ver com vinho? Bem, a Espanha, com sua longa história, sua rica diversidade e a maior área total de vinhedos do mundo, teria o direito de ser reconhecida como um dos grandes países vinícolas, mas até poucos anos atrás não parecia mostrar-se à altura em termos de reputação global. Por quê? E o que aconteceu para fazer com que os vinhos espanhóis ocupassem um lugar de maior destaque nos mercados internacionais?

A metáfora futebolística nos leva a explorar, primeiro que tudo, o equivalente em vinho a Barcelona e Real Madrid, o que pode dar certo se não formos literais demais. A maior região vinícola da Espanha de fato está no centro do país, não longe de Madri e do seu lendário time Merengue. Mas embora La Mancha seja a maior região vinícola, não é a mais importante, por acolher vastas plantações de uma uva chamada Airén. Você já ouviu falar da Airén? É a uva para produção de vinhos mais plantada na Espanha. Na verdade, a mais plantada do mundo! Ainda hoje, quando dezenas de hectares de plantações de Airén foram incluídos em programas de racionalização da produção vinícola da União Europeia (sendo substituídos pelo cultivo de uvas mais comercializáveis, como a Tempranillo), a Airén continua sendo a número um. Os vinhos produzidos com ela podem ser perfeitamente bons, mas costumam ser relativamente simples e não raro usados para misturas com outros vinhos ou como base na produção de aguardente. Não há nada de errado com a Airén — toda região vinícola tem sua uva burro de carga —, mas tampouco nada há particularmente memorável. Não é propriamente um vinho *galáctico*, se você entende o que eu quero dizer.

Se quisermos encontrar o equivalente vinífero dos Merengues, teremos de nos deslocar ligeiramente para o coração do vinho tinto espanhol. Rioja e Ribera del Duero são as terras de onde saem respectivamente o tipo de vinho tinto mais famoso da Espanha (Rioja) e aquele que é simplesmente o seu vinho mais famoso: Vega-Sicilia Unico.

O REAL MADRID DOS VINHOS ESPANHÓIS

Para muitos entusiastas, Rioja é sinônimo de vinho espanhol, embora isto seja injusto com as dezenas de outras regiões produtoras de vinho do país. Derivando seu nome do rio Oja (Rio + Oja = Rioja), Rioja fica no Nordeste, entrando um pouco pelo território basco. Nessa região, o vinho é feito desde a época romana e foi uma indústria sustentada ao longo dos anos pelos mosteiros. Mas durante muito tempo a produção foi limitada pelo tamanho do mercado: Rioja era uma região isolada até ser ligada ao centro e ao litoral no século 19. A produção então rapidamente aumentou para os mercados interno e de exportação.

O interessante para mim, no Rioja, é o que a sua evolução tem em comum com o passado dourado da Argélia. A influência francesa e as pragas da viticultura desempenham um papel importante nos dois casos. Quando o oídio se alastrou pelos vinhedos franceses na década de 1840, por exemplo, os comerciantes de Bordeaux recorreram ao Rioja para compensar a queda no abastecimento local. Variedades do Bordeaux, entre elas Merlot e Cabernet Sauvignon, passaram a ser plantadas e adicionadas às misturas do Tempranillo para atender às expectativas dos mercados franceses de exportação. Quando os vinhedos franceses foram acometidos de filoxera nos anos 1860, a influência francesa e a orientação para as exportações aceleraram, sendo introduzidas práticas francesas — como o envelhecimento em barris (em geral em *barriques* de carvalho americano) — que logo se integrariam à produção da região. As exportações cresceram com o aperfeiçoamento dos transportes ferroviários, até que, no fim do século 19, registravam-se exportações para a França de até 500.000 hectolitros de Rioja *por mês*. O Rioja passou a representar para o Bordeaux o que a Argélia representava para o Sul da França: um fornecedor fundamental de vinhos tintos fortes para encher garrafas e abastecer prateleiras.[5]

A boa sorte do Rioja mudou quando a filoxera atacou a região a partir de 1901 e quando aumentou a concorrência dos mercados de exportação. Mas a imagem e a reputação dos vinhos e da região perduraram mesmo durante a ditadura de Franco. Com a democratização e a maior abertura, o Rioja só tem prosperado. Seus mercados globais se expandiram e a concorrência internacional obrigou os produtores a buscar qualidade ainda maior no vinhedo e na adega.

Minha escolha de vinho da região é muito pessoal, como sempre nesse tipo de decisão. Em 2014, eu fazia uma palestra numa conferência internacional da indústria vinícola em Londres, a Wine Vision, e tive o prazer de, num jantar, me sentar ao lado de Javier Ruiz de Galarreta, fundador, presidente e diretor--executivo da ARAEX Rioja Alavesa & Spanish Fine Wines, empresa voltada para o mercado externo, com vinícolas e vinhedos em várias regiões espanholas. Javier havia fornecido os vinhos do jantar e um deles chamou a minha atenção como possível representante do Rioja nos dias de hoje. Refiro-me ao R&G Rolland Galarreta Rioja, e os leitores familiarizados com os chamados vinhateiros voadores imediatamente vão deduzir que, se o G se refere ao meu anfitrião, Javier Galarreta, o R significa Michel Rolland, o vinhateiro voador de Bordeaux, que é uma superestrela internacional do ramo. A conexão *galáctica* de Bordeaux presta homenagem ao passado do Rioja, ao passo que o vinho propriamente diz algo do seu futuro. Um digno representante do time "Real Rioja".

O *PREMIER CRU* ESPANHOL

Dizer que um vinho é *premier cru* é outra forma de prestar homenagem indiretamente à conexão francesa, pois a ideia de *premier cru* (e *deuxième* e *troisième* e assim por diante) data da Classificação de 1855 em Bordeaux. Ser um vinho *premier cru* é ser um *galáctico*. Ser o único *premier cru* de um país, como se alega a respeito do Vega-Sicilia Unico, é estar acima de qualquer categoria. Pelé, claro, ou, já que estamos falando do Real Madrid, Ronaldo, Di Stéfano ou Puskás. Todos eles *supergalácticos*.

Vega Sicilia não fica na Sicília, como você já deve ter adivinhado. O nome deriva de *Pagos de la Vega Santa Cecilia y Carrascal*, referindo-se *pagos* a um lugar, um *terroir*, e *vega* a uma planície aluvial perto de um rio.[6] O vinho vem da região de Ribera del Duero (o mesmo rio que em Portugal se chama Douro). A vinícola tem mais de 150 anos e esse vinho em particular é produzido (só nos melhores anos) há um século, o que representa uma considerável tradição. O status do Vega-Sicilia vem da alta qualidade, naturalmente, mas também há uma certa mística decorrente do caráter exclusivo. No início, segundo Luis Gutiérrez, o vinho nem era vendido. Só era possível apreciá-lo como presente da família produtora.[7] A moeda corrente, no caso, eram as relações pessoais, e não o dinheiro. Hoje o vinho pode ser comprado com dinheiro, mas as vendas são rigorosamente controladas. A participação na lista de distribuição da vinícola é transmitida de pai para filho, raramente havendo alguma brecha. A *bodega* também importa um dos vinhos Borgonha mais procurados do mundo, o Domaine de la Romanée-Conti, e os clientes então têm acesso a esse *galáctico*, além do seu companheiro de time espanhol.

MÉS QUE UN VINHO?

Se o Rioja e o Vega-Sicilia correspondem ao Real Madrid, qual seria o vinho Barcelona? Qual deles completaria o par yin-yang capaz de capturar o espírito desse país tão complexo e dinâmico? Teria de ser um branco, pois os outros vinhos são tintos. E teria de ser democrático, pois o Vega-Sicilia é sob todos os aspectos aristocrático. Deve vir da Catalunha, claro, e precisa ser mais que um vinho (*més que un vino*), exatamente como o Clube de Futebol Barcelona sabidamente é *més que un club* (mais que um clube). Tal como a própria cidade de Barcelona, esse vinho terá de estar voltado para o resto do mundo, além da Espanha, apesar das raízes fincadas no país ibérico. E, concluindo o paralelo, deve abrigar bem lá no fundo certos elementos equivalentes aos do seu oposto. São vários os possíveis candidatos, mas para mim a escolha é clara: Cava, a resposta da Catalunha (e da Espanha) ao Champanhe francês.

O Cava (como o Prosecco italiano) é uma inovação relativamente recente, datando de 1872, quando José Raventós visitou a região de Champagne e voltou à Catalunha decidido a produzir um vinho espumante semelhante, com uvas nativas da Espanha. A vinícola da sua família, a Codorníu, foi fundada em 1551, mas sua história moderna começa com as primeiras garrafas dessa série, produzida pelo método tradicional (fermentação secundária na garrafa, como no Champanhe), em vez do método italiano inventado mais ou menos na mesma época (fermentação secundária em autoclaves pressurizadas, como no Prosecco).[8] Os vinhos, que hoje conhecemos pelo nome de Cava, eram chamados de Champaña até 1970, quando as autoridades espanholas finalmente cederam à pressão dos produtores franceses para mudar o nome, adotando um outro que não fosse confundido com a região francesa. Os vinhos Cava são produzidos em várias regiões da Espanha, mas o vinho está associado sobretudo à Catalunha.

ESPANHA 65

Ironicamente, assim como no caso do Rioja, o desenvolvimento da indústria do Cava foi estimulado pela morte das videiras causada pela filoxera na década de 1880. Quando os vinhedos foram replantados com rizomas resistentes à filoxera, as variedades de uvas escolhidas eram brancas, e não tintas: Macabeo, Parellada e Xarel-lo, a Santíssima Trindade das uvas Cava, embora atualmente outras variedades sejam permitidas, inclusive as associadas ao Champanhe.

Para representar o Cava, escolhi dois vinhos muito diferentes. O Gran Codorníu Gran Reserva honra a inspiração original desse vinho. É feito com uvas Pinot Noir de um vinhedo específico (na região de Champagne, seria chamado de Blanc de Noir). É datado pela vindima (a safra em curso no momento em que escrevo é de 2007), produzido para ser envelhecido e tem muito o que dizer sobre o passado do Cava e também sobre o seu futuro, pois os produtores trabalham incansavelmente para melhorar a qualidade.

O Gran Reserva captura boa parte da essência do Cava, mas não pode representar sozinho esse vinho, pois talvez seja aristocrático demais. Para contemplar a dimensão democrática, escolherei um vinho que encontrei milhares de vezes em prateleiras de lojas e cardápios de restaurantes. E é difícil se enganar com sua garrafa preta tão característica: o Freixenet Cordon Negro, um Cava Brut com frequência considerado uma das maiores pechinchas do mundo do vinho.

ALÉM DO EL CLÁSICO

Houve época em que El Clásico definia o futebol espanhol e a seleção era meio decepcionante. Hoje, a Espanha se mostra cada vez mais forte, com uma liga fantástica recheada de craques. O mesmo acontece com o vinho espanhol. Exemplares de categoria internacional podem ser encontrados em Rioja, Ribera del Duero, na Catalunha e em dezenas de outras regiões. O vinho espanhol, como a equipe nacional de futebol, tornou-se um campeão mundial. O que não aconteceu por acidente, mas pelo resoluto empenho de muitos produtores no sentido de aperfeiçoar os vinhedos, modernizar a produção e adotar estilos e variedades de uvas mais de acordo com as demandas do mercado.

Essa mudança — a internacionalização, como dizem alguns — é um processo traiçoeiro, tanto na Espanha como nas outras partes do mundo onde vem ocorrendo. Provei vinhos "internacionais" populares no mercado e que podem ser considerados bons, mas parecem meio sem alma. Poderiam ter sido produzidos em qualquer lugar e às vezes são difíceis de distinguir uns dos outros. O jeito que os melhores produtores de vinho espanhóis encontraram, e que vem a ser a base da reputação da Espanha hoje em dia, foi produzir vinhos que preservam a alma espanhola e respeitam a história e o *terroir*, combinando o melhor do antigo e do novo. Esses vinhos proporcionam aos consumidores uma experiência que não podem ter com nenhum outro.

Acho então que a minha metáfora futebolística funciona. As grandes seleções espanholas dos últimos anos obtiveram êxito por terem dado esse jeitinho, adaptando influências internacionais de um modo claramente espanhol, o que também é o segredo do vinho espanhol.

Há tantos vinhos maravilhosos e únicos de tantas regiões da Espanha que eu fico triste de não poder saborear todos nem dispor de tempo e espaço para escrever mais sobre todos eles. Os vinhos que levaremos daqui em nossa jornada contam histórias interessantes, mas e os vinhos que teremos de deixar para trás? Parece até que já ouço vocês reclamando: "Sim! Sim! E o xerez em todas as suas incríveis formas? Como é que vamos encerrar a história espanhola sem o xerez?"

Minha resposta, que não vai satisfazer muita gente, é a seguinte: a viagem de Phileas Fogg passou por muitas reviravoltas e surpresas. O mesmo acontecerá aqui (você por acaso esperava fazer uma parada na Argélia?).

Deixamos agora a Espanha, mas, verdade seja dita, não nos fartamos mais por falta de tempo e espaço.

Os Vinhos

Cuveé du Président, Argélia

R&G Rolland Galarreta, Rioja, Espanha

Vega-Sicilia Unico, Ribera del Duero, Espanha

Gran Codorníu Gran Reserva, Catalunha, Espanha

Freixenet Cordon Negro, Catalunha, Espanha

Capítulo 6

Portugal

Um Porto na Tempestade

Aqui vai minha versão, algo floreada, da história de amor do mundo com o vinho do Porto. Esse vinho talvez não tivesse sido descoberto em 1678 se a França e a Grã-Bretanha não estivessem em uma guerra comercial. Os altos impostos que incidiam sobre as importações francesas obrigaram os ingleses amantes do vinho a se abastecer em outras fontes, entre elas Portugal, país convenientemente situado no litoral atlântico da Europa, representando uma viagem de navio relativamente curta a partir dos mercados britânicos.[1]

Com isso em mente, ao que se diz, um comerciante de vinhos de Liverpool mandou os dois filhos a Lisboa para ver se lá encontravam algum vinho decente (e com isenções fiscais) para vender. Os dois subiram primeiro o litoral em direção ao Porto (e aqui é que começo a romantizar a história um pouquinho, mas me acompanhe). Havia muitos vinhos nessa região mais fria e chuvosa, mas eram quase sempre vinhos brancos mais ácidos e sem graça. Se alguma vez você provou um vinho Verde, que vem dessa região, pode ter alguma ideia de como eles são, mas hoje o vinho Verde é produzido de um jeito mais atraente, menos ácido, em parte para fisgar mais consumidores.

Oh, não!, exclamaram os dois irmãos. Não podemos apresentar vinhos assim ao nosso pai. Ele jamais seria capaz de vendê-los em Liverpool.

E assim, seguindo conselhos, rumaram para o Rio Douro e chegaram às terras vinícolas do interior, sob muitos aspectos, de natureza completamente oposta às do litoral. Lá, o clima era quente e as uvas cultivadas, muito doces, pouco ácidas e dotadas de casca espessa para protegê-las dos raios solares. Os vinhos eram escuros, tânicos e fortes, resultado da combinação de variedades muito particulares de uvas com uma fermentação rápida e aquecida. Oh, não!, voltaram a exclamar os irmãos. Tampouco são esses os vinhos que estamos procurando. Papai jamais conseguiria vendê-los. Nossa viagem foi um fracasso!

E assim, desanimados com as más notícias, eles desceram o Douro em direção ao Porto, com o intuito de voltar para casa. Por acaso pararam no mosteiro de Lamego e... bem, descobriram o vinho que hoje chamamos de Porto. O abade fazia um vinho que eles nunca tinham visto nem provado. As uvas, de um vermelho sombrio, eram suavemente esmagadas com os pés, e não com prensas, liberando um suco escuro, mas não um tanino desagradável. O mosto era fermentado como sempre, mas em vez de permitir que o vinho fervesse descontroladamente, até a total liberação dos açúcares (o "fermento" da fermentação), era adicionada uma dose de aguardente de uva, que eliminava as células de fermento, resultando num vinho doce, estimulante e equilibrado. A doçura era bem-vinda num mundo em que o açúcar ainda era caríssimo e os vinhos doces, mais respeitados que hoje em dia. O alto teor alcoólico também, pois serviria para conservar o produto na inevitável viagem oceânica. Era exatamente o vinho que eles procuravam. Sucesso!

Os irmãos de Liverpool não inventaram o Porto, mas encontraram, isso sim, um mercado virgem para esse vinho tão característico, que logo se tornaria "figurinha fácil" nas mesas britânicas. De fato, o Porto se tornou tão onipresente que quando o economista David Ricardo começou a escrever seu famoso tratado *Princípios de economia política e tributação*, em 1817, escolheu o vinho do Porto para ilustrar as vantagens do livre comércio. Como aprenderam sucessivas gerações de estudantes universitários de economia, o Princípio da Vantagem Comparativa enunciado por Ricardo, sobre o qual se basearam tantas políticas comerciais, foi introduzido com a demonstração dos benefícios da troca da lã britânica pelo vinho português — do Porto, claro.

O Douro não é de fácil navegação, e assim a ponta comercial da indústria de vinhos do Porto desceu o rio, dos vinhedos do interior e do centro de produção para a cidade portuária do Porto, da qual o vinho tomou o seu nome em inglês. Os barris contendo a bebida desciam o Douro em pequenas embarcações, que aportavam do outro lado do rio, em Vila Nova de Gaia, onde "casas do porto" foram construídas para envelhecer, misturar e engarrafar os vinhos, antes de serem embarcados para o mercado final. Muitas dessas casas foram organizadas por empresas britânicas, o que era natural, já que a Grã-Bretanha era o principal mercado de exportação, e ainda hoje mantêm o nome e a propriedade britânicos. Assim, as casas de produtores perfeitamente portugueses como Ferreirinha e Fonseca convivem com nomes nada portugueses como Graham's, Taylor Fladgate, Cockburn, Burmester, Offley, Smith Woodhouse e Warre. Vinho português + negócios e marketing britânicos = um produto doce e estimulante famoso no mundo inteiro.

E CHEGA AQUELE DIA CHUVOSO

Eu dispunha de um dia livre em minha rápida visita ao Porto para falar a um grupo da indústria vinícola, e por mais que quisesse subir o Douro até os vinhedos, que fazem parte do Patrimônio Mundial da UNESCO, uma tempestade torrencial me prendeu na cidade. Procurei então saber que tipo de experiência turística ligada ao vinho o Porto oferecia, e aprendi tanta coisa... Há muito a ver e fazer na cidade propriamente dita, mas um turista de vinhos que se preze tem de atravessar a ponte sobre o Douro para ir a Vila Nova de Gaia, onde as casas das vinícolas se perfilam ao longo do rio e na colina. Minha primeira parada foi a Quinta do Noval, onde me refugiei da chuva e saboreei os vinhos enquanto secava. E devo dizer que não poderia haver melhor maneira de se aquecer.

Meu destino seguinte foi Sandeman, uma das mais antigas e conhecidas casas de vinho do Porto. Encontramos "The Don", o famoso logotipo da Sandeman, por toda parte no Porto. Fundada em 1790 por George Sandeman, comerciante escocês de vinhos, a empresa atua tanto em Portugal (vinho do Porto) como na Espanha (xerez). A característica figura masculina do logotipo do Don é uma homenagem aos dois lados do negócio: o chapéu tipicamente espanhol combinado à capa usada pelos estudantes universitários do Porto, na época e ainda hoje (eu mesmo os vi num dia de provas). Se você achava que era uma homenagem ao Zorro, estava enganado.

A experiência de um turista de vinhos na Sandeman começa logo na entrada, que dá a sensação e oferece os aromas exatamente daquilo que é: um velho e imponente depósito onde os vinhos esperam pacientemente nos barris, não raro durante décadas, até o momento em que serão misturados, engarrafados e distribuídos. Completamente no clima, transmitindo imediatamente uma sensação de tempo e lugar específicos. O passo seguinte, depois de passar pelos portões, é um interessante e rico museu dedicado ao sucesso da Sandeman na criação e comercialização de uma marca. Don talvez seja a marca comercial mais característica e imediatamente identificável do mundo do vinho, e o museu conta a história desse ícone, das primeiras imagens em 1928 à atualidade. É por todos os títulos uma exposição de arte, mas com intenções comerciais, sendo interessante ver como as imagens e mensagens evoluíram ao longo dos anos.

Em seguida veio o tour pelo enorme prédio. A jovem que nos guiava estava vestida como The Don, mas era mais uma professora que uma estudante, certificando-se, com exemplos e repetições estratégicas, de que entendêssemos a natureza dos diferentes tipos de vinho do Porto — vintage, LBV, tawny e assim por diante —, como são produzidos e a melhor maneira de consumi-los. Demonstrava grande talento para atrair os alunos para sua história. Caminhar pelas salas cheias de barris era como voltar na história (o que de fato fazíamos, não?), mas ali estávamos num lugar de trabalho, e não num museu, e teríamos visto as mãos laboriosas nas adegas em ação se não fosse um domingo. A visita terminou com a oportunidade de degustar alguns vinhos em longas mesas junto ao salão (de vendas e souvenires) que dá para a adega.

Passei algum tempo conversando com uma família de Tóquio que viajava pela Europa e passara três dias no Porto, desfrutando de experiências como aquela. Cada uma das casas de vinho do Porto conta sua história de maneira diferente, algumas focando mais a própria história; outras, o processo de produção. Muitas, como a Sandeman e a Graham's, oferecem experiências de degustação à margem da visita. Seminários de harmonização com vinho do Porto (queijos, chocolates) são muito populares, por exemplo, assim como as oportunidades de provar *blends* dos vinhos acastanhados da variedade tawny com vinte, quarenta ou mais anos de envelhecimento.

AS INOVAÇÕES DO VINHO PORTUGUÊS

O vinho é muito antigo em Portugal, remontando pelo menos aos romanos. Em visita à região do Alentejo, no sul do país, conhecemos vários produtores que trabalham na recriação desses vinhos romanos, com o uso de enormes jarros de argila que pareciam gigantescas ânforas sem alças. Lembrei-me dos *qvevri* que tínhamos visto na Geórgia, que, ao contrário dos jarros portugueses, eram enterrados até o pescoço. É irônico que num lugar onde o vinho é tão antigo ele também esteja mudando tão rapidamente. A inovação é uma força propulsora no caso do vinho português, assumindo muitas formas.

Para consumidores de vinho de uma certa idade, Portugal talvez seja mais conhecido por um tipo inovador de vinho que pouco tem a ver com o Porto. Ele surgiu nos primeiros anos da Segunda Guerra Mundial, concebido especialmente para o gosto dos consumidores norte-americanos. Há quem diga que o mercado visado inicialmente era de veteranos das forças armadas dos Estados Unidos que tinham servido na Europa e passaram a apreciar os vinhos que lá conheceram. Mas logo esse mercado se expandiu, crescendo incrivelmente durante algum tempo. Eu estou falando de um certo tipo de vinhos rosados efervescentes que eram vendidos com as marcas Lancers e Mateus Rosé. A Sogrape, a maior vinícola de Portugal, é a produtora do Mateus, e o Lancers é produzido pela J.M. da Fonseca, grande vinícola de Setúbal, nas proximidades de Lisboa. O Mateus, que derivou seu nome de um famoso castelo português destacado no rótulo do vinho, surgiu como um vinho Verde frisante, mas foi adaptado para o mercado de exportação, tornando-se mais doce e rosado (eram vendidas versões branca e rosa). A certa altura, o Mateus era o vinho importado mais vendido nos Estados Unidos, além de incrivelmente popular na Grã-Bretanha também. Na década de 1980, a Sogrape, hoje também proprietária da marca Sandeman, exportava mais de 3 milhões de caixas por ano. Sozinho, o Mateus respondia por mais de 40 por cento das exportações portuguesas de vinho. Ele estava em toda parte, com memoráveis campanhas publicitárias na tevê e fazendo *merchandising* com celebridades (certa vez eu me deparei com uma foto da estrela do rock Jimi Hendrix mandando pra dentro uma meia garrafa de Mateus).

Uma das minhas descobertas em Portugal foi um vinho que não mudou nada ao longo dos anos, mas que parecerá novo e interessante a muitos apreciadores de vinho só porque ainda não o descobriram. O Bacalhôa Moscatel de Setúbal é feito com a uva Muscat de Alexandria, que geralmente dá vinhos suaves, mas este é bastante equilibrado. O vinho, encorpado com aguardente, descansa na casca das uvas durante vários meses, ganhando tanino, e em seguida é envelhecido em barris de carvalho, às vezes por vinte, trinta, quarenta anos ou mais. Só pude provar os mais jovens, mas espero um dia experimentar uma das safras mais velhas, que dizem ser de grande complexidade. É um vinho encantador que não custa uma fortuna. E me lembra que, para a maioria dos apreciadores de vinho, Portugal ainda é uma terra a descobrir. Os portugueses produzem esse vinho há mais de setecentos anos. Não sei como aqueles irmãos de Liverpool passaram batido por ele.

VINHO SÓ NO DEVIDO TEMPO

O Porto, o vinho mais característico de Portugal, é um exemplo de uma categoria de vinho ao mesmo tempo atemporal e altamente inovadora. Atemporal no sentido de que os vinhos do Porto sob muitos aspectos continuaram iguais desde a sua "descoberta". Vinhos do Porto brancos, ruby, tawny: fundamentalmente, todos eles são hoje o que eram há cem ou duzentos anos. Quase nada nesse mundo é tão tradicional quanto um vinho do Porto, com suas marcas históricas e as inscrições gravadas com estêncil nas garrafas. E na maioria dos casos os vinhos do Porto são atemporais em um outro sentido também, pois, como a maioria dos vinhos da província de Champagne, são misturas de várias regiões e vários anos, cada marca buscando a coerência do "estilo da casa" em cada vinho, em vez de permitir que as safras se destaquem pela individualidade. O que é uma vantagem, mas também uma desvantagem. A vantagem, claro, se manifesta em termos de valorização da marca: só o Champanhe era uma marca mais forte que o vinho do Porto, do ponto de vista do reconhecimento do nome. Mas também é uma desvantagem porque essa marca, como também acontece no caso do xerez, é equivocadamente associada a vinhos suaves de uma nota só. Como no caso de Rodney Dangerfield,* eles nem sempre são tratados com o devido respeito.

E também é uma desvantagem porque, cada um em seu respectivo estilo, os melhores vinhos do Porto são exercícios de paciência num mundo impaciente. Os Portos acastanhados do tipo tawny devem ser envelhecidos pelo produtor até o amadurecimento, em dez, vinte, trinta ou até quarenta anos. É muito tempo de espera, e o relógio dos investimentos não para. Os vinhos do Porto vintage, mais finos, também precisam de tempo; contudo, nesse caso o comprador é que deve esperar pacientemente o amadurecimento. Depois de uma certa idade, comprar de uma safra recém-comercializada é como plantar uma árvore: um ato de fé, na esperança de que você ainda estará por aqui para desfrutar de sua sombra e seus frutos quando ela crescer. O tempo é amigo do Porto, pelo que fazem juntos em termos de qualidade do produto final, mas do ponto de vista econômico e mercadológico, também é inimigo, e nos anos do pós-guerra parecia limitar o potencial do vinho.

Uma resposta ao problema do tempo foi uma inovação surgida em 1970, quando a Taylor Fladgate distribuiu o seu Late Bottled Vintage (LBV) Port 1965. O LBV tem o caráter do Porto vintage, mas está pronto para se beber ao ser distribuído quatro a seis anos — e não vinte — depois da vindima. Para o mundo do vinho, não foi exatamente como um app certeiro do tipo Château Fluxo de Caixa, mas certamente deu novo fôlego ao mercado do Porto, num momento em que se fazia particularmente necessário. Há quem diga que o LBV salvou a indústria do vinho do Porto ao ser concebido por Alistair Robertson, da Taylor.

Foquei até aqui na inovação da indústria, mas não mencionei a inovação nos processos de produção, o que é um erro, como fiquei sabendo por um produtor durante minha estada no Porto. George Sandeman, da famosa família produtora de Porto e xerez, convidou-me para uma degustação dos vinhos e vinhos do Porto da Casa Ferreira, e também, claro, dos vinhos do Porto da Sandeman. Como resistir? Melhor ainda, estaríamos acompanhados de Luís Sottomayor, o premiado produtor do Porto Ferreira. A mesa estava tomada de

---

* Nome artístico do comediante americano Jacob Rodney Cohen (1921-2004), conhecido especialmente pelo humor autodepreciativo, resumido no bordão "Ninguém me respeita". (N.T.)

74 ~ A VOLTA AO MUNDO EM 80 VINHOS

garrafas e taças quando começamos a saborear os vinhos da Casa Ferreirinha, e depois os vinhos do Porto Ferreira e Sandeman. Eram surpreendentes. Desde os mais básicos, vendidos a poucos euros, até os superpremium, eram todos balanceados, deliciosos e dotados de personalidade.

"Delicioso", escrevi ao lado da nota atribuída ao tinto Quinta da Leda, da Casa Ferreirinha, procedente de um vinhedo cultivado em uma propriedade rural a apenas um quilômetro da fronteira com a Espanha. Ele é produzido por uma pequena vinícola que fica nas instalações da própria empresa. Um vinho espetacular, *terroir* especial, escrevi.

Enquanto degustávamos os vinhos do Porto, comecei a falar de inovações: novos estilos de vinhos, vinhos redescobertos e assim por diante. Sottomayor me interrompeu. Para realmente entender a questão das inovações em Portugal, disse, é preciso levar em conta não apenas novos produtos, mas o trabalho que é feito para aperfeiçoar o processo no vinhedo e na adega. É onde realmente são obtidos novos ganhos, como pude constatar nos vinhos de mesa que acabara de provar e nos vinhos do Porto aos quais passaria então.

Prove este LBV, pediu Sottomayor. Os LBV que produzimos hoje têm a mesma qualidade que os vintage de quinze anos atrás. E os vintage também melhoraram muito. A criação de novos produtos faz parte da história da inovação do vinho em Portugal, mas hoje em dia o aperfeiçoamento do cultivo e da produção tem a mesma importância, e provavelmente uma importância ainda maior a longo prazo. Lição aprendida! Ao sair da degustação, eu estava ao mesmo tempo mais rico e mais pobre. Mais rico porque a aula de Sottomayor sobre inovação vai me permitir economizar algum dinheiro: por mais que eu goste de vinho do Porto vintage, agora o LBV está bem no centro do meu radar, por um custo muito menor.

E mais pobre? Bem, Sandeman e Sottomayor prepararam uma pequena experiência para mim, fazendo-me degustar primeiro seus tawny de dez anos e depois os de vinte. Gostamos dos de vinte anos, disse George Sandeman, porque dá para sentir por onde eles andaram (os vinhos de dez anos) e também para onde vão (o tawny de quarenta anos que eu provei depois). Essa tensão entre juventude e maturidade torna o tawny de vinte anos particularmente interessante, frisou. E lamento informar que senti no paladar exatamente o que ele descrevia. Lamento? Sim, pois o tawny de vinte anos custa bem mais que o de dez, e vou ter de pagar esse valor a mais pelo resto da vida!

Uma última inovação deve ser mencionada antes de deixarmos o Porto. Hoje os coquetéis de vinho vêm ganhando popularidade, à frente deles o Aperol spritz. Leves, estimulantes e refrescantes, esses coquetéis são difíceis de resistir num dia quente de verão. E assim ficamos felizes de descobrir um novo drinque no Porto, feito com partes iguais de Porto branco e água tônica, servido com gelo e uma fatia de limão ou lima-da-pérsia. Perfeito para o cair da noite depois de um longo dia de trabalho (e de um curto também). E uma maneira inovadora de introduzir os consumidores ao delicioso irmão branco do vinho do Porto.

A HISTÓRIA VIVA NA MADEIRA

Portugal não é apenas uma das paradas da nossa viagem ao redor do planeta; é também um trampolim, pois os portugueses são famosos por gostar de saltar do seu território para o mundo. Seria Portugal o mais globalizado dos países? Difícil comprovar, mas Martin Page aponta claramente nessa direção em seu livro *Portugal e a revolução global: como um dos menores países do mundo mudou a nossa história.*[2] Eu li o livro no voo para Lisboa e fui lembrado de influências portuguesas em muitos lugares. Ofícios religiosos de tradição portuguesa na Nova Inglaterra? Restaurantes portugueses de frutos do mar na Cidade do Cabo e em Honolulu? O porto comercial português em Macau? E, claro, Goa, o posto avançado de Portugal na Índia. Alguma vez você já disse *arigatô* num restaurante japonês para agradecer ao garçom pelo delicioso tempura? Pois agradeça aos portugueses, tanto pelo prato como pela palavra. *Obrigado* é como se agradece em português, e a palavra acabou sendo transposta para o Japão (*obrigadô* acabou virando *arigatô*), junto com a saborosa comida e muitas coisas mais, por obra e graça dos jesuítas portugueses. Portugal está em toda parte e é possível acompanhar seus caminhos em nossa jornada de oitenta vinhos.

A Ilha da Madeira fica bem distante do continente. Segundo o *Oxford Companion to Wine* (sempre a minha referência em fatos dessa natureza), a ilha e seu arquipélago ficam a cerca de mil quilômetros do território continental de Portugal e a mil e duzentos quilômetros do litoral norte-africano. Ironicamente, essa localização tão distante no Oceano Atlântico foi fundamental para o sucesso da Madeira na época colonial, por representar uma parada ideal de abastecimento para os comerciantes entre a Europa, a África e as Américas, e também, naturalmente, para os que desciam em direção ao Cabo da Boa Esperança rumo à Índia e outros territórios.

O vinho era um dos produtos buscados nessas rotas comerciais, e assim começaram a ser plantadas videiras sempre que possível na Madeira, com o estabelecimento de empreendimentos vinícolas. Os vinhos assim produzidos, como a maioria na época, não duravam muito nos porões quentes dos navios mercantes, e desse modo, como no caso do Porto, era adicionado álcool para estabilizá-los, o que permitiu a criação de uma indústria.

Os vinhos da Madeira encorpados com destilados não só sobreviviam nas longas viagens nos porões aquecidos, como também pareciam se beneficiar com o procedimento. Os vinhos mudavam ("madeirizado" é um termo especializado do léxico vinícola), evoluindo de um jeito muito específico nesses percursos castigados pelo calor. Os vinhos transportados por via marítima eram mais valorizados que os frescos, e os que tivessem feito a longa viagem para Leste ou Oeste e depois a viagem de volta (mais na condição de lastro do que de carga) eram os mais cobiçados.

O mercado dos vinhos Madeira rapidamente se expandiu, das tripulações dos navios que aportavam em Funchal, a principal cidade do arquipélago, para os consumidores das diferentes escalas. Ocorreu então uma versão setecentista de um boom global, centrada basicamente no forte interesse dos norte-americanos pelo vinho da Madeira. Como explica David Hancock no excelente livro que publicou em 2009, *Oceanos de vinho: o vinho da Madeira e a organização do mundo atlântico, 1640-1815*, o vinho da Madeira era praticamente onipresente nas colônias americanas.[3] A assinatura da Declaração da Independência foi brindada com vinho Madeira!

Com o crescimento desse mercado, eram necessárias ao mesmo tempo a expansão dos vinhedos e a inovação da produção. Não era de fato nada prático mobilizar dezenas de navios singrando os mares com tambores (outro nome dos barris ou contêineres) a bordo simplesmente para deixar o vinho nas condições ideais esperadas. Foram construídas então instalações específicas para imitar o efeito do oceano (na medida do possível), especialmente mediante aquecimento prolongado dos vinhos. Os compartimentos aquecidos mantinham os tambores do Madeira em aproximadamente 38 graus. Os melhores vinhos, ao que se diz, são estocados bem no alto dessas construções, junto aos caibros do telhado, onde a temperatura é naturalmente mais alta e a brisa do mar pode ser sentida.

A indústria do Madeira tem passado por altos e baixos desde a época em que John Adams e Benjamin Franklin bebiam suas taças pelo bem da democracia norte-americana. As pragas vinícolas, especialmente a filoxera, limitavam o abastecimento, e mais adiante a Revolução Russa e a Lei Seca nos Estados Unidos acabaram com a demanda. Hoje, o mercado do Madeira é menor que na época do apogeu, mas o interesse vem aumentando.

Eu tenho dois momentos favoritos envolvendo o vinho da Madeira (lembro-me mais até das pessoas e dos lugares do que dos vinhos). Fomos visitar Bartholomew Broadbent em seu escritório em Richmond, Virgínia, e ele nos ofereceu uma garrafa de um Broadbent Madeira jovem, que compartilhamos naquela mesma noite como os pais de Sue e seus vizinhos. Eles adoraram o vinho e nós adoramos compartilhá-lo com eles.

Por serem encorpados e condicionados de um jeito único, os vinhos da Madeira podem durar décadas, e assim o segundo vinho memorável da minha experiência foi um Madeira Barbeito Malvazia 1875 servido no fim de um jantar com meu orientador de pós-graduação no Herbfarm Restaurant em Woodinville, Washington.[4] Foi durante algum tempo o vinho mais antigo que eu provei. Não poderia faltar na lista dos oitenta.

QUAL DIREÇÃO AGORA?

E agora, que rumo tomar em nossa viagem? Poderíamos seguir para oeste pelo noroeste, em direção aos Estados Unidos, levados pelas poderosas correntes coloniais do comércio do Madeira. Ou seguir um caminho mais meridional em direção à ex-colônia, onde o Madeira fez furor em certa época e onde existe hoje uma vibrante indústria vinícola.

O Brasil é tentador, com certeza, mas ouço Phileas Fogg chamar o meu nome. Ele está indo em direção à Índia e precisamos nos juntar a ele. Vamos então para o sul, talvez fazendo uma parada de negócios em Angola, um bom mercado para os vinhos portugueses, ou em algum outro país da África, mas com a bússola apontando para a Cidade do Cabo e depois para a Índia.

Os Vinhos
Mateus Rosé, Portugal
Taylor Fladgate LBV Port 1965, Douro, Portugal
Sandeman Vintage Port 2011, Douro, Portugal
Bacalhôa Moscatel de Setúbal, Setúbal, Portugal
Madeira Barbeito Malvazia 1875, Portugal

Capítulo 7

Entre Dois Amores

As gaivotas voam apenas cerca de quatrocentos e oitenta quilômetros de Funchal, a capital da Ilha da Madeira, a Lanzarote, nas Ilhas Canárias, nossa próxima parada, onde encontraremos, no entanto, um outro mundo do ponto de vista dos vinhos. Madeira é portuguesa, ao passo que as Canárias pertencem à Espanha. A chuva — chuva demais, na verdade — é o problema da Madeira, pois o clima de umidade tórrida é propício a todo tipo de doenças fúngicas nas videiras. Já em Lanzarote… praticamente não chove.[1] Imagine vinhedos plantados na Lua. É Lanzarote!

Lanzarote atrai muitos turistas — chegam navios de cruzeiro o tempo todo —, mas ninguém pensaria em cultivar uvas vinícolas aqui se já não houvesse vinhedos. A cidade fica a cerca de cem quilômetros do litoral africano.[2] O solo — bem, quase não existe solo (terra), pois a ilha resultou de repetidas erupções vulcânicas e o saibro ou cascalho negro não parece exatamente propício à proliferação de formas vivas. As precipitações pluviométricas são no mínimo escassas e os ventos quentes que sopram do Saara conseguem chegar até as ilhas. No deserto, as videiras medram onde há árvores, para usá-las como suporte e assim crescer em direção ao sol. Já em Lanzarote são muito poucas as árvores para o surgimento de videiras silvestres.

80 ～ A VOLTA AO MUNDO EM 80 VINHOS

E apesar disso crescem videiras em Lanzarote e se produz vinho. Grandes depressões cônicas são cavadas na cinza vulcânica negra conhecida como *picon*, para o plantio de uma a três árvores no fundo, onde elas são relativamente protegidas dos fortes ventos e se beneficiam da água da chuva que escorre para a cratera. Muretas de pedra semicirculares aumentam a proteção na direção de onde vem o vento. Alguns vinhedos são cultivados num padrão mais convencional, em lugares onde as videiras já se adaptaram ao hábitat hostil, contudo, esses vinhedos plantados em "crateras lunares" são fantásticos.

Mas o trabalho árduo e a determinação dos *vignerons* de Lanzarote dariam em nada se não fosse uma propriedade específica do *picon*. A cinza vulcânica extrai umidade do vento quente e seco da mesma maneira como uma bomba de calor extrai calor até do ar do mais frio dia de inverno. O *picon* tem a capacidade hidrostática de condensar a umidade que houver no ar seco e fixá-la nas camadas abaixo, onde as raízes das videiras vão buscá-la. Como escrevi em *Extreme Wine*, se há vinhedos na Ilha de Próspero, onde se passa a peça *A Tempestade*, de Shakespeare, devem ter essa aparência e esse tipo de vida orgânica.

Eu nunca imaginei que um dia provaria vinhos de Lanzarote, até que dois amigos fizeram uma reserva num cruzeiro pelas Ilhas Canárias, com previsão de parar na capital.[3] De lá, eles trouxeram um vinho branco seco e sofisticado, fermentado em barris — feito com a uva Malvasía Volcánica, por El Grifo, a vinícola mais antiga das ilhas, fundada em 1775. "Repousado sobre as próprias borras", dizia a etiqueta de descrição, "adquire o sabor e o aroma do vulcão." Equilibrado, com personalidade, o vinho era simplesmente delicioso. Se algum vinho reflete o seu *terroir*, é esse!

UM PINOT NOIR QUENIANO?

O passo seguinte mais óbvio é pegar o navio e rumar para a Cidade do Cabo, mas não resisto a um desvio pelo Quênia. Olhando para o mapa da África, os pontos óbvios de cultivo de uvas são os extremos: o Norte mediterrâneo e o distrito sul-africano de Cape Winelands. Mas… e o coração da África, a vasta região entre os extremos de clima mais temperado? Quente demais e, portanto, inadequada para o cultivo de videiras? Sim, não resta dúvida. Mas isto não significa que elas não cresçam e que não sejam produzidos vinhos por quem estiver disposto e decidido.

Um dos meus livros favoritos sobre vinhos é *Africa Uncorked: Travels in Extreme Wine Territory*, de John e Erica Platter, talvez porque seja escrito em forma de diário de viagem, como o livro que você tem nas mãos.[4] Os Platter são conhecidos por seu guia anual, o *Platter's South African Wine Guide*, mas seu interesse pelos vinhos africanos vai muito além, e o livro que publicaram em 2002 resume bem uma jornada em busca do que há de bom, ruim e feio no vinho africano. Em seu itinerário, eles foram ao norte, onde já estivemos, encontrando vinhos no Marrocos, na Argélia, na Tunísia e no Egito, seguiram para o sul, passando pelo Zimbábue, a Namíbia e a África do Sul, subiram para as ilhas do litoral leste do continente, Madagascar, Reunião e Maurício, e por fim chegaram à África Oriental, visitando a Etiópia, a Tanzânia e o Quênia.

No Quênia, os Platter visitaram um amigo do John — na década de 1950, os dois tinham frequentado a Duke of York School, em Nairóbi. Tratava-se de Richard Leakey, o respeitado paleoantropólogo e ecologista da famosa família Leakey, responsável por tantas descobertas sobre as origens africanas da espécie humana. Mas não foi apenas uma visita casual. Leakey e sua filha Louise produzem vinho com uvas Pinot Noir cultivadas em colinas íngremes.

"É que eu sou um desses caras teimosos que não gostam de ouvir que algo é impossível", explicou Leakey aos Platter. A Pinot Noir é sabidamente difícil de cultivar em qualquer lugar e talvez especialmente perto da linha do equador, no Leste africano. Mas lá estava a realidade diante dos olhos deles. O vinhedo se chama Ol Choro Onyore, nome no idioma masai da cadeia de montanhas onde as uvas são plantadas, e a vinícola acabou sendo batizada Il Masin. Louise Leakey registrava as atividades da vinícola num blog chamado Zabibu.[5] E os vinhos? Nas anotações dos Platter ficou registrado que seu tinto africano tropical favorito era o Pinot de 2001, suculento, autêntico e cheio no palato. "Quem acha defeito em tudo pode focar no final levemente diluído e no nariz meio neutro", escrevem, "mas o vinho é um triunfo, dadas as circunstâncias." E é mesmo.

Tenho que confiar nas anotações de degustação dos Platter, pois não provei nem provavelmente nunca provarei um vinho Il Masin. Na verdade, reconheço que não estou completamente convencido devido à situação operacional da vinícola atualmente. O blog de Louise Leakey deixou de ser publicado em 2011, e sua conta no X (Twitter) de temas vinícolas parou meses depois. Desconfio que o foco na vinícola deu lugar a um ambicioso projeto chamado Instituto da Bacia de Turkana, associando pesquisas antropológicas seríssimas com educação (o projeto está filiado à Universidade Stony Brook, dos EUA) e até um pouco de turismo de luxo na linha "caçada aos fósseis", para levantar fundos e conscientizar sobre o projeto.[6] Entretanto, em entrevista à série "Almoço com o FT", do *Financial Times*, Richard Leakey informava, em 2015, que a vinícola continua em atividade, produzindo Pinot Noir e Chardonnay. Eles tentam esconder algumas garrafas, dizia ele, para não beberem o vinho todo antes de se desenvolver um pouco.[7]

Em matéria de vinhos quenianos e da África tropical, não precisamos nos limitar ao Château Leakey, e por isso John e Erica Platter escreveram um livro a respeito, claro, mas no momento o coração da África é mais importante como mercado do que como produtor. A África subsaariana, com seu crescimento desigual porém rápido e uma classe média em expansão, é amplamente considerada um mercado vinícola do futuro. Os produtores portugueses, por exemplo, se voltam para Angola, antiga colônia portuguesa, para aumentar as vendas. Angola é o destino de exportação número um de Portugal, embora nos últimos anos o dinamismo desse mercado tenha diminuído um pouco, com a queda da exportação de petróleo.

Quem vai dominar o mercado vinícola africano do futuro? Os candidatos ao trono são muitos, mas eu aposto na África do Sul. Eis por quê.

CHEGANDO AOS EXTREMOS NA ÁFRICA DO SUL

"Hoje, com a graça de Deus, uvas do Cabo foram prensadas pela primeira vez para fazer vinho."[8] A data era 2 de fevereiro de 1659. O autor, Jan van Riebeeck, comandante da colônia de Cidade do Cabo, fundada pela Companhia Holandesa das Índias Orientais. O vinho era sobretudo Muscadel — aromático e saboroso, segundo Van Riebeeck, embora em pequena quantidade naquele primeiro lote; mas isto mudaria com o aumento da produção, não só para matar a sede da população local, mas também para abastecer navios que passavam pela Cidade do Cabo no percurso entre a Europa e a Ásia. O vinho sul-africano é surpreendentemente antigo e algumas das fazendas de cultivo de uvas, como os vinhedos são chamados no país, estão nas mãos das mesmas famílias há séculos.

Um dos primeiros vinhos foi produzido na fazenda do Governador Simon van der Stell, em Constantia, que fica logo depois da Montanha da Mesa, ao lado da Cidade do Cabo.[9] A propriedade original foi dividida nos últimos anos e o famoso nome é compartilhado por duas vinícolas: Groot Constantia e Klein Constantia. Visitamos ambas em nossa última viagem à África do Sul e pudemos ver que cada uma delas, à sua maneira, preservou algo da rica história do país. A Groot Constantia é ao mesmo tempo vinícola e museu, oferecendo um ambiente supercaracterístico, com as construções coloniais holandesas restauradas e a vista para os vinhedos mais embaixo, na Baía Falsa. É propriedade de um consórcio que a administra, tendo sido criado para preservar essa parte importante da história da África do Sul.

A arquitetura da Klein Constantia também causa forte impressão, mas sua contribuição histórica está nos vinhos, especialmente o famoso Vin de Constance. Esse vinho suave, feito com as uvas Muscat de Frontignan mais maduras, foi uma das bebidas mais conhecidas do mundo nos séculos 18 e 19 — o rei dos vinhos e o vinho dos reis. Sabe-se que era o favorito de Napoleão Bonaparte em seu exílio em Santa Helena. A filoxera acabou com ele ao devastar os vinhedos da África do Sul no fim do século 19. Mas esse pedacinho da história viva pôde ser revivido graças à determinação dos proprietários e ao talento dos produtores de vinhos da Klein Constantia. E o paladar? Depois do renascimento, o Vin de Constance ganhou muitos prêmios e elogios. E certamente é delicioso, mas quase impossível de saber como o seu sabor se compara com os célebres vinhos do passado.

Quase impossível? Bem, como saberão os leitores dos meus livros sobre vinhos, eu tive a sorte de degustar um vinho sul-africano realmente antigo que provavelmente dá uma ideia de como eram esses vinhos nos velhos tempos. Ele foi produzido em torno de 1800, quando Thomas Jefferson ainda estava vivo, e não é impossível que o próprio Jefferson o tenha bebericado, ou algum outro bem parecido, quando era representante dos EUA em Paris. Refiro-me ao Joubert Muscat d'Alexandrie, e a família Joubert de vinhateiros, cujas origens remontam muito longe na história sul-africana, tem apenas um barril do vinho em sua adega na residência próxima a Barrydale. Todo ano eles removem um pouco do vinho e repõem um pouco de vinho novo, numa espécie de envelhecimento ao estilo soleira. Alguns poucos sortudos são convidados a saborear ou comprar uma minúscula garrafa em leilões de caridade. Sue e eu estivemos entre os mais sortudos, degustando esse pedacinho da história tanto com a família Joubert, num jantar, como diretamente do barril na escura e bolorenta adega onde ele vive, guiados por Cobus Joubert.[10]

Embora o vinho seja muito antigo na África do Sul, pode-se dizer que a atual indústria vinícola propriamente dita é relativamente jovem, datando das reformas políticas que puseram fim ao apartheid e abriram o país para o mundo, com o subsequente desmantelamento do monopólio estatal do setor vinícola detido pela KWV, que impedia a inovação e os investimentos. O admirável mundo novo do vinho sul-africano, liderado por pioneiros como Norma Ratcliffe, Danie de Wet e o Dr. Paul Cluver e atualmente impulsionado por um grupo de jovens e ambiciosos desbravadores, parece expandir-se cada vez mais.

São tantos os grandes vinhos produzidos na África do Sul hoje em dia que fica até difícil escolher um ou dois (ou dez!) para representar a nova era, mas sei de um que pode desempenhar esse papel. Trata-se do Black Label Pinotage 2008 da Kanonkop (o nome remete ao canhão defensivo outrora estacionado na colina de vinhedos, ou "kop"). A Pinotage é a uva tinta característica da África do Sul, um cruzamento de Pinot Noir com Cinsault (tradicionalmente conhecida por essas redondezas como Hermitage) criado na Universidade de Stellenbosch há quase cem anos.

Esse vinho, especificamente, tem uma história. Estávamos em Stellenbosch, onde eu faria algumas palestras, e Johann Krige serviu uma taça de Kanonkop Pinotage a Sue. Ela cheirou, bebericou e sorriu. "É o Hill of Grace da África do Sul", disse. Se você não conhece o Hill of Grace, espere só mais um pouquinho. Vou falar dele quando chegarmos à Austrália. Mas Krige conhecia bem o Hill of Grace, e, para ele, o elogio/comparação foi a graça suprema! Na manhã seguinte, encontramos uma garrafa na nossa mesa, de lembrança. Como o Henschke Hill of Grace, o Black Label vem de uma área (*block*) muito específica do vinhedo, a que foi plantada em 1953. E, também como o Hill of Grace, impõe ao mesmo tempo respeito (é considerado um *premier cru* sul-africano) e um preço altíssimo.

AS DUAS FACES DA ÁFRICA DO SUL E DO SEU VINHO

A África do Sul é um país de grandes contrastes, contrastes que vão muito além do velho e do novo. É impossível não ficar sensibilizado/chocado com a desigualdade social, o desafio da enorme pobreza convivendo com um fantástico sucesso econômico. Vimos os dois extremos numa excursão que fizemos, da próspera Stellenbosch até o Cabo da Boa Esperança. A meio caminho entre a confortável cidade universitária e as luxuosas mansões à beira-mar, passamos por Khayelitsha, a maior *township** e a que mais cresce. A comunidade é enorme, estendendo-se a perder de vista, com quatrocentos mil habitantes e uma das rendas familiares mais baixas do país. A pobreza e os problemas sociais e de saúde a ela associados são assustadores.[11]

As duas faces da África do Sul se refletem em sua indústria vinícola.[12] Passamos nosso último dia em Cape Winelands, por exemplo, em meio ao luxo das propriedades vinícolas da família Rupert. Anton Rupert, que morreu em 2006, era um incrível empreendedor que, tendo começado com alguns trocados no bolso, acumulou uma fortuna de bilhões de dólares com negócios em vários ramos, entre eles tabaco e produtos de luxo. Com sede na Suíça, a holding da família controla uma carteira de marcas de luxo como Cartier, Alfred Dunhill e Montblanc. Há também grandes investimentos em cerveja, vinho e bebidas alcoólicas na África do Sul, entre eles uma importante participação na Distell, a maior produtora de vinhos.

Embora Anton Rupert aparentemente preferisse vinhos simples e baratos, ele e os filhos são responsáveis por algumas das mais suntuosas propriedades vinícolas do Cabo, e pudemos desfrutar da hospitalidade na histórica La Motte, com seu excelente restaurante, e de Anthonij Rupert, a clássica propriedade vinícola, em Franschhoek. Foi um momento muito especial saborear os vinhos na Rupert & Rothschild (uma parceria entre as duas famosas famílias) na companhia do diretor-executivo e responsável pela adega, Schalk-Willem Joubert (irmão de Cobus Joubert, que nos levou à adega para provar o vinho

---

* Na África do Sul, as *townships* (literalmente, município, vila ou distrito) são vastas áreas urbanas subdesenvolvidas, semelhantes às favelas/periferias brasileiras, que eram reservadas aos negros e indianos na época do apartheid. (N.T.)

antigo da família).[13] Apreciamos particularmente o Rupert & Rothschild Baroness Nadine Chardonnay, que adicionei à coleção da nossa viagem.

Os vinhos da família Rupert são caros para os padrões sul-africanos e, por isso, considerados produtos de luxo, e não bens destinados ao grande varejo. La Motte e Rupert & Rothschild encontram um bom mercado na China, por exemplo, onde luxo e status são particularmente apreciados. Escolhi os dois para representarem uma face do vinho sul-africano (e do vinho em geral), embora haja muitas outras ricas propriedades vinícolas, com lindas plantações e instalações e ótimos restaurantes, que também poderiam estar representadas.

Os vinhedos da Van Loveren Family, em Robertson, por exemplo, preenchem todos os requisitos na categoria vinhos de luxo, especialmente na beleza de seus jardins. Fomos visitá-los porque eu queria encontrar Phillip Retief, um dos quatro primos que administram os vinhedos e as adegas e são responsáveis pelo negócio, pois estávamos fazendo palestras no mesmo encontro da indústria vinícola e eu queria aprender com ele tudo que pudesse. A Van Loveren é a maior vinícola de propriedade de uma família na África do Sul, tendo atravessado com grande êxito as reviravoltas desse mercado em evolução no país.

Degustamos os excelentes Christina van Loveren e conversamos sobre a evolução do mundo vinícola no Cabo. Até que eu perguntei se poderia experimentar um vinho que não estava na mesa, mas do qual ouvia falar constantemente desde que nosso avião descera na Cidade do Cabo. Poderíamos então provar o Four Cousins? Sim, claro, foi a resposta, num sorriso.

O vinho Four Cousins, que é uma das marcas mais vendidas na África do Sul, surgiu no ano 2000, quando os quatro primos Retief tiveram a louca ideia de produzir um vinho de baixo custo que despertasse o interesse de estudantes, neófitos e pessoas de orçamento apertado em geral.[14] A marca Four Cousins foi lançada em 2005. As garrafas de vidro de 1,5 litro traziam inscrito o nome Four Cousins (em inglês, e não em africâner, como se poderia esperar) e fotos dos quatro primos. O vinho propriamente tendia para o suave, para apelar a consumidores desacostumados aos taninos e à acidez, que podem dissuadir os neófitos, mas era de alta qualidade comercial — límpido, correto e balanceado.[15] A um americano, lembraria um Beringer White Zinfandel, um Two-Buck Chuck ou talvez o Barefoot, todos eles rótulos de grande sucesso.[16]

Talvez não surpreenda que o Four Cousins tenha feito sucesso entre seu público-alvo de jovens consumidores ambiciosos e majoritariamente brancos. O que de fato surpreendeu foi a sua popularidade em *townships* de população predominantemente negra, como Khayelitsha, nas quais o vinho estava longe de ser a bebida alcoólica preferida. Mas, graças ao Four Cousins, isso mudou. Segundo nos contam, basta entrar num bar numa *township* e levantar a mão com quatro dedos para o alto, e vai aparecer uma taça de Four Cousins. O Four Cousins contribuiu para o surgimento de uma nova face do vinho sul-africano na população negra.

Mostrei rótulos do Four Cousins a muitas pessoas nos Estados Unidos, e elas sempre sacodem a cabeça em negativa. Terrível, dizem. Não vai rolar. Não dá para vender um vinho, em lugar algum, com as fotos de quatro caras brancos no rótulo. Imaginem, então, na África do Sul, onde as questões raciais estão sempre à flor da pele? Bem, de fato são quatro primos os responsáveis pelo vinho, o que dá uma certa autenticidade à história, e se eles se dispõem a mostrar a cara no produto, como poderia ser ruim? Mais de dez milhões de garrafas são vendidas anualmente. As exportações representam um quinto da produção.

Exportações? Sim, exatamente. Phillip Retief dá conta de vendas em crescimento na Holanda, na China, no Brasil, nos Estados Unidos e na Nova Zelândia. Mas acho que ele se orgulha sobretudo do sucesso do Four Cousins nos quatorze outros mercados africanos em que o vinho é vendido, especialmente Uganda, Quênia, Zâmbia, Namíbia, Nigéria e Gana. A economia africana não é mais o deus-nos-acuda que muitos imaginam, estando nos últimos anos em segundo lugar entre os índices de crescimento regional mais rápidos, depois da China, e contando em muitas regiões com uma classe média em ascensão. São fatos que atraíram a atenção de produtores vinícolas do mundo inteiro, que passaram a incluir a África em seus planos estratégicos. Acho que foi por isso que encontramos uma garrafa de Barefoot numa prateleira de supermercado em Stellenbosch, ao lado do Four Cousins.

A África então seria a nova fronteira a conquistar no mundo do vinho? O gigantesco mercado consumidor potencial é tentador demais para ser ignorado pelos produtores do resto do mundo. Mas em termos de produção vinícola, a resposta é não: não é a *próxima* fronteira. O vinho está aqui há centenas de anos! Já está mais do que na hora do mundo redescobrir o vinho africano.

O que é, então, o vinho africano? Seria a história do Klein Constantia, a geografia de Lanzarote, a determinação de Richard Leakey, a excelência *"grand cru"* da Kanonkop, a aristocracia dos Rupert ou o democrata Four Cousins? A resposta é fácil. Todos esses e mais ainda.

O vinho na África é ao mesmo tempo muito antigo e fascinante em sua novidade. A próxima fronteira do vinho? Sim, mas não a única, pois os lugares e rostos que associamos ao vinho estão mudando com grande rapidez. Tome isso como uma introdução ao próximo capítulo, que nos levará ainda mais fundo no futuro do vinho.

Os Vinhos
Klein Constantia Vin de Constance 2011, Constantia, África do Sul
Kanonkop Black Label Pinotage 2008, Stellenbosch, África do Sul
Rupert & Rothschild Baroness Nadine Chardonnay 2015,
Cabo Ocidental, África do Sul
Four Cousins Sweet Rosé, África do Sul

Capítulo 8

Índia e Além

Novas Latitudes, Novas Atitudes

Diz o senso comum que as uvas viníferas *Vitis vinifera* são mais facilmente cultivadas e prosperam melhor em climas temperados, mais ou menos definidos por duas zonas climáticas mundiais — eu as chamo de cinturões vinícolas — que circundam o planeta aproximadamente entre trinta e cinquenta graus de latitude para o norte e para o sul. O cinturão setentrional abrange os famosos produtores europeus do Velho Mundo, a Califórnia no Novo Mundo e o que poderíamos chamar de Novo Novo Mundo do vinho na China. Esse mesmo senso comum considera que, no hemisfério sul, o vinho praticamente se limita ao Chile, à Argentina, à extremidade da África do Sul, a certas áreas da Austrália e à maior parte da Nova Zelândia.

É possível produzir vinho fora dos cinturões, segundo essa visão, mas são necessárias condições especiais. A altitude pode compensar a latitude em certas circunstâncias, por exemplo, e por isso a região montanhosa de Salta, no Norte da Argentina, produz alguns vinhos brilhantes. A grande altitude afeta a temperatura, aumenta as variações diurnas e intensifica a luz solar — todos fatores favoráveis à produção de vinhos de qualidade em latitudes desfavoráveis sob outros aspectos. As regiões viníferas da África do Sul também estão no limiar, mas elas se beneficiam de ventos frios gerados pelas correntes antárticas, que possibilitam a produção de uvas típicas de climas frios, como a Riesling e a Pinot Noir, em Elgin e outras áreas assim beneficiadas.

O economista John Kenneth Galbraith costumava dizer que a sabedoria convencional está sempre errada, o que se confirma no caso da teoria da latitude na produção de vinhos. Videiras *Vitis vinifera* têm sido cada vez mais cultivadas e vinhos cada vez melhores são produzidos em áreas antes consideradas terrivelmente inadequadas para bons vinhos. Em certa medida, esse progresso se deve às mudanças climáticas, que estão alterando de maneira geral o mapa vinícola do mundo (voltaremos ao assunto num capítulo posterior), mas boa parte do crédito vai para um movimento de desenvolvimento de técnicas especializadas de vinicultura para o cultivo de uvas de qualidade nos trópicos.

O nome desse movimento, Vinhos das Novas Latitudes, foi cunhado pelo escritor especializado em vinhos Frank Norel, que mora na Tailândia, numa conferência realizada em Bangcoc, em 2003. Em um artigo de 2004, a crítica de vinhos Jancis Robinson se disse espantada com a quantidade de vinhedos e vinícolas pipocando perto da linha do equador. "Ainda acho difícil acreditar que os Vinhos das Novas Latitudes um dia poderão realmente ser bons", disse ela, "mas o fato é que era exatamente isto o que se dizia dos Vinhos do Novo Mundo há não muito tempo."[1] As atitudes em relação ao vinho e à sua produção podem mudar, embora as latitudes sejam parâmetros inalteráveis.

UM VINHO ENCANTADO

Bali? Por que a nossa próxima parada é Bali? Bom, imagino que se possa encontrar um argumento com base nas rotas comerciais históricas. Muitos dos navios que visitavam a Cidade do Cabo séculos atrás percorriam rotas comerciais de especiarias que os levavam a tal região. Da Cidade do Cabo a Bali e imediações: não é nenhuma ideia absurda.

Mas não estamos aqui por causa do vinho?[2] Vinho em Bali? Estaríamos então falando do Bali Hai, a marca de vinho californiano com sabor de fruta tropical que a Italian Swiss Colony introduziu no mercado dos EUA na década de 1960? Se não me falha a memória (e já foi há muito tempo), era um cruzamento de sangria com ponche havaiano. Não, não creio que esse vinho tivesse alguma coisa a ver com a ilha de Bali. A origem do nome estava em uma das canções de *Ao Sul do Pacífico*, "Bali Ha'i", famoso musical da Broadway de Rogers e Hammerstein. Há vinho em Bali, e, por incrível que pareça, alguns são bons o bastante para serem apreciados em nossa próxima noite encantada. A localização de Bali, a apenas oito graus de latitude do equador, torna qualquer tipo de vinho uma descoberta inesperada para os turistas. E o fato de Bali ficar na Indonésia, o mais populoso país muçulmano, aumenta ainda mais o encanto.

Segundo o *Oxford Companion to Wine*, havia seis vinícolas em Bali em 2014. A Hatten Wines, fundada em 1994, é a mais antiga e a maior, produzindo um milhão de garrafas por ano. Os vinhos da marca Hatten são feitos sobretudo com uvas Belgia e Alphonse-Lavallée cultivadas no norte da ilha com práticas vitícolas tropicais, entre elas o uso de videiras trepadeiras para enfrentar a umidade e produzir três colheitas por ano. Os vinhos da marca Two Islands são feitos com uvas congeladas importadas do sul da Austrália. A Belgia e a Alphonse--Lavallée não são nomes propriamente conhecidos dos consumidores de vinho mais familiarizados com Cabernet e Chardonnay, mas foram escolhidas pela resistência a pragas vinícolas tropicais e pela capacidade de crescer em clima quente e úmido.

A Sababay Winery abriu as portas (de frente para a Baía de Saba) em 2012 e pôs seu site no ar às 7 da manhã do dia 7 de julho daquele ano (para dar sorte). Os donos da Sababay esperam escrever um novo capítulo na história do vinho em Bali, elevando o vinho feito com uvas *Vitis vinifera* a um padrão internacional, com emprego de práticas sustentáveis. Um desafio e tanto. Fiquei encantado, assim, quando tive a oportunidade de provar o White Velvet deles, feito com uvas Muscat cultivadas *in loco*. Era leve e perfumado, mas realmente deu tudo que tinha a dar acompanhando um prato de frutos do mar ao molho curry, do tipo que costumam servir na Indonésia. Uma bela surpresa!

Foi bom quando uma das minhas ex-alunas, Ali Hoover, viajou a Bali em 2014 e concordou em visitar a Sababay Winery e fazer um relato do que encontrou. Há muita uva em Bali, contou ela, mas não as boas uvas *Vitis vinifera* necessárias para a produção de vinhos finos. O que ela constatou, isto sim, foi que "uvas de baixa qualidade consideradas inadequadas para o consumo inundam o mercado balinês, para venda nas onipresentes barracas de produtos religiosos". Não são uvas buscadas por quem quer produzir vinhos de qualidade nem usadas na Sababay.

Para conseguir boas uvas, foi necessário muito esforço. O clima pode representar uma barreira para a produção de uvas de qualidade em Bali, escreveu Ali, mas a culpa também era de práticas vitícolas ruins, que limitavam tanto a produção de uvas como o crescimento da renda rural. Na verdade, a indústria vitícola entrou em crise no início da década de 2000 em decorrência de uma combinação de pragas, colheitas ruins e problemas de marketing. Os fazendeiros tomavam empréstimos a juros altos e se endividavam cada vez mais. Evy Gozali e sua mãe, Mulyati, fundaram o Asteroid Vineyards Partnership em 2010 para enfrentar essa crescente crise econômica e mesmo social. Em troca de apoio agrícola e técnico, 175 cultivadores de uvas do norte de Bali se comprometeram a vender suas colheitas exclusivamente para a Sababay. O aperfeiçoamento das práticas de cultivo resultou em safras mais abundantes e no aumento da renda rural para os envolvidos na parceria.

Quem poderia imaginar que o vinho seria a solução para os problemas enfrentados por pequenos fazendeiros numa ilha tropical da Indonésia? Mas as videiras para produção de vinhos evidentemente são mais valiosas que as uvas de baixa qualidade destinadas exclusivamente a fins religiosos, e o investimento da família Gozali num moderno treinamento vitícola sustentável, em tecnologias e *know-how* obviamente representa valor agregado na cadeia de produção. O vinho é muitas coisas — arte, artesanato, uma bebida saudável e embriagadora — e também pode ser uma ferramenta de mudança socioeconômica. Quem imaginaria que o vinho seria tão capaz?[3]

Uma das coisas que mais agradaram a Ali na Sababay foi que os vinhos pareciam autênticos, com uma forte identidade indonésia. "A Sababay produz vinhos adequados às preferências culturais e aos sabores locais", escreveu ela. "Os [vinhos] feitos para serem consumidos ainda jovens são suaves, com baixo teor alcoólico, combinando à perfeição com o paladar picante e complexo dos pratos indonésios." Seu favorito? O espumante Moscato d'Bali.

O mundo dos vinhos é muito pequeno, então talvez não surpreenda que eu acabasse encontrando Evy e Mulyati Gozali em algum momento, mas quem poderia imaginar que isso aconteceria numa conferência de turismo vinícola em Tbilisi, na Geórgia? Encontrá-las pessoalmente foi maravilhoso, e para ficar ainda melhor elas trouxeram uma garrafa do tal Moscato d'Bali para provarmos. Era exatamente como Ali dissera: delicioso, doce e levemente efervescente, com notas de abacaxi e papaia. E de fato me lembrou muito um Moscato d'Asti ou talvez um Fior d'Arancio tropical. Esplêndido, um enorme prazer!

O VALE DA MONÇÃO

Lamento não ter prestado mais atenção aos vinhos quando visitei a Tailândia em 2000, poucos anos depois do país e seus vizinhos serem sacudidos pela crise financeira na Ásia. Estava mais interessado em visitar amigos e conhecer a Tailândia propriamente, o que é uma autêntica aventura de sobrecarga dos sentidos! O vinho teve apenas uma rápida participação e me lembro perfeitamente das circunstâncias, embora na época não ligasse os pontos.

Vinho tailandês? Fiquei realmente surpreso quando me ofereceram uma taça. Quando a Tailândia começou a produzir vinhos e como isso era possível? O garçom nos disse que era algo recente, parte do movimento Thai Rak Thai (Os Tailandeses Amam os Tailandeses) surgido em reação à crise financeira. Segundo ele, as uvas vinícolas e o próprio vinho eram uma tentativa de melhorar as condições econômicas dos agricultores, cujas rendas haviam sido duramente afetadas no colapso dos mercados. Na minha taça havia vinho tailandês feito por cultivadores tailandeses para consumidores tailandeses (e visitantes como nós, claro). Orgulho local, desenvolvimento rural e autossuficiência no mesmo pacote. Excelente! Aceitei a história como me era apresentada e não fiz muitas perguntas.

Não me dei conta de que o movimento Thai Rak Thai era muito mais que um simples slogan como "I ♥ NY". Thai Rak Thai era o partido político populista liderado pelo polêmico Thaksin Shinawatra, que chegou ao poder no início dos anos 2000 com uma plataforma de ajuda aos agricultores e outras vítimas da crise financeira. Mas não demorou para que o Thai Rak Thai se envolvesse em questões de corrupção eleitoral. Os militares tomaram o poder em setembro de 2006 e o partido foi dissolvido pela justiça em 2007.

94 〜 A VOLTA AO MUNDO EM 80 VINHOS

Não sei se a história contada pelo garçom naquela noite era verdadeira — será que o vinho que eu estava tomando realmente fazia parte daquela saga política? Mesmo que fosse, contudo, me esqueci do problema e dos vinhos tailandeses em geral durante vários anos. Meu interesse só voltaria a surgir quando estávamos em Londres para um simpósio internacional de vinhos.

Fomos jantar, em Imperial Wharf, num elegante restaurante tailandês chamado Blue Elephant, que tem filiais em Bangcoc, Phuket, Paris e Bruxelas. Percorrendo a carta de vinhos para beber um antes do jantar, eu não podia deixar de aproveitar a oportunidade de experimentar um rosé do Vale da Monção produzido pela tailandesa Siam Winery. Esperava saborear os morangos doces que tantas vezes sentimos nos vinhos rosados de regiões emergentes, mas na verdade ele era bem seco e superagradável. Uma autêntica surpresa. Pedimos então uma garrafa do vinho branco Monsoon Valley para acompanhar o jantar, um *blend* de Malaga Blanc e Colombard. Malaga Blanc? Não era uma uva que eu conhecesse. Mas o vinho era perfeito. Leve e delicado, mas muito parecido com o vinho Sababay de Bali, em contraste ideal com a culinária. Monsoon Valley? Malaga Blanc? Era evidente que eu tinha muito a aprender com os vinhos tailandeses da Nova Latitude. E a história que me foi contada é ainda mais surpreendente que os vinhos propriamente.

A uva é o fator mais fácil de explicar, mas talvez o mais inesperado dessa história. A Malaga Blanc é a uva vinífera mais comum da Tailândia, segundo o *Wine Grapes*, a grande referência.[4] É uma uva de mesa do Sul da França. Luís XIV presenteou o rei do Sião, Narai, o Grande, com videiras de Malaga Blanc em 1685. A uva vicejou na Tailândia, usada no consumo imediato e eventualmente na produção de vinhos. A casca grossa da Malaga Blanc ajuda a proteger as uvas das chuvas fortes da monção. Um dos lugares onde podem ser encontradas fica nos famosos vinhedos flutuantes do delta do Chao Phraya (as videiras são cultivadas em estruturas para trepadeiras erguidas sobre pequenos canais). Talvez você nunca tenha ouvido falar da Malaga Blanc, mas é uma uva de história longa e rica.

A história da Siam Winery e do vinho do Monsoon Valley também é surpreendente. Você acreditaria se eu dissesse que a vinícola é uma criação do cofundador da Red Bull? Pois é verdade. A fórmula original do Red Bull foi inventada pelo tailandês Chalerm Yoovidhya, que dirigia sua pequena empresa farmacêutica quando teve a ideia dessa bebida e começou a comercializá-la em 1975. O logotipo que escolheu mostrava dois grandes gauros selvagens vermelhos (também conhecidos como bisões indianos) investindo um contra o outro. O empresário austríaco Dietrich Mateschitz provou a bebida em uma viagem à Tailândia e, convencido de que ela havia curado seu *jet lag*, propôs uma parceria comercial. Os dois lançaram a marca Red Bull de exportação em 1987, e o resto… bem, o resto é história. Ambos ficaram incrivelmente ricos, e o nome e o logotipo da Red Bull são encontrados em toda parte.

Aparentemente insatisfeito com o sucesso da Red Bull, Chalerm Yoovidhya fundou, em 1986, a Siam Winery, que hoje é a maior vinícola da Tailândia. No início, seu crescimento foi estimulado pela produção de uma marca popular de vinho adocicado com sabor de fruta chamada Spy, que ainda hoje é a líder no mercado de bebidas efervescentes de baixo teor alcoólico. A Monsoon Valley foi fundada em 2002 (depois da minha visita em 2000, e, portanto, não era este o suposto vinho "Thai Rak Thai" que me serviram). Cerca de metade da produção anual de 350.000 garrafas é exportada, inclusive os vinhos que provamos no Blue Elephant de Londres. Chalerm Yoovidhya morreu em 2012, mas seu legado está presente sob muitos aspectos, entre eles o vinho Monsoon Valley.

Eu jamais imaginaria que uma taça de vinho pudesse associar Luís XIV à Red Bull ou que pudesse vir de vinhedos flutuantes na Tailândia. Incrível!

O MONDAVI DE MUMBAI

Phileas Fogg e Passepartout chegaram a Bombaim, vindos do Cairo, por um caminho bem mais direto que o nosso e se prepararam para o que deveria ser um simples e direto percurso de trem até Calcutá. Mas os planos de um itinerário cuidadosamente preparado foram por água abaixo quando se revelou que a ferrovia cruzando o subcontinente não fora concluída, como tinham sido levados a crer, faltando ainda um inesperado e inconveniente trecho. Seguiu-se uma aventura com a qual não contavam, com direito a percursos em dorso de elefante e um momento de intensa dramaticidade, quando

Passepartout, revelando uma coragem até então insuspeitada, salvou uma jovem indiana chamada Aouda de um bando de fanáticos (zelotas) que queriam queimá-la viva.

Muita coisa mudou na Índia desde a época da visita de Fogg. Bombaim agora se chama Mumbai e Calcutá é Kolkata, e nós, claro, estamos em busca de vinhos, e não de trens velozes. Mas, como você poderá constatar, as diferenças culturais e de transportes também serão importantes para nós.[5]

Os conquistadores persas levaram as videiras para a Índia há quase 2.500 anos; o consumo de vinho é mencionado pela primeira vez num texto sobre política escrito por volta de 300 a.C. O vinho era uma bebida das elites, e não das massas (que aparentemente queriam algo mais forte), e levava uma vida meio à sombra que ainda hoje prevalece, em virtude da preocupação com o consumo de bebidas alcoólicas. A influência dos colonizadores britânicos contribuiu para o crescimento da produção vinícola indiana no século 19, antes que o flagelo da filoxera acometesse os vinhedos do país na década de 1890, com os resultados previsíveis.

Desde a independência, em 1947, o vinho vive sob fogo cruzado na Índia. Por um lado, é uma substância sob estrito controle. O artigo 47 da constituição indiana estabelece que cabe ao Estado desestimular o consumo de álcool (Gandhi e alguns outros líderes da independência eram abstêmios), e assim as importações de vinho sempre estiveram sujeitas a impostos elevados, e a propaganda é proibida. Os governos dos diferentes estados indianos regulamentam e tributam a venda de vinho mais ou menos como nos Estados Unidos, o que gera uma enlouquecedora colcha de retalhos em matéria de distribuição. Ao mesmo tempo, contudo, certos governos promovem a viticultura e a produção de vinhos com vistas ao desenvolvimento econômico. Como se vê, uma vida aos trancos e barrancos.

A surpreendente situação do vinho na Índia hoje reflete essa condição complicada. Por um lado, o produto está sujeito a impostos altos, e o mercado nacional é fragmentado por regimes regulatórios estaduais sem coordenação. A falta de um sistema de transporte eficiente limita o mercado do vinho: a bebida pode estar em boa forma ao deixar o depósito, mas ninguém sabe em que estado estará quando chegar ao consumidor. Ao mesmo tempo, as políticas governamentais de estímulo à produção levaram a uma excessiva expansão da oferta, com a criação de novos vinhedos e o subsequente colapso da indústria, acompanhado de fusões entre empresas produtoras. Uma vinícola conseguiu sair fortalecida dessa confusão. Ela domina o mercado, com cerca de 60 a 65 por cento das vendas de vinho indiano, e está redefinindo o vinho e a indústria vinícola na Índia. Chama-se Sula Vineyards.

Em artigo publicado na revista dos ex-alunos da Universidade de Stanford, Rajeev Samant era chamado de "O Mondavi de Mumbai", o que não chega a ser um exagero. Robert Mondavi, que também se formou em Stanford, fundou a primeira vinícola do Napa Valley, na Califórnia, desde a Lei Seca da década de 1920, mas não se limitava a produzir vinhos: contribuiu para criar uma duradoura cultura vinícola e uma indústria turística do vinho. Samant parece decidido a fazer o mesmo na Índia.[6]

Um garoto de cidade grande, Samant foi para a Califórnia estudar economia e engenharia em Stanford. Trabalhou por breve período na indústria de tecnologia do Vale do Silício e voltou para Mumbai em busca de desafios e oportunidades no mundo dos negócios. Poderíamos supor que se sentisse atraído para Bangalore, com suas florescentes *startups* na área tecnológica, mas acabou voltando sua atenção para Nashik, região agrícola e destino de peregrinações a cerca de 180 quilômetros de Mumbai. O pai de Samant o levou a Nashik para visitar terras agrícolas que a família pretendia vender por não estarem dando muito lucro.

Samant queria a terra e pediu uma oportunidade de inverter a situação na fazenda. Experimentou o cultivo de manga e depois de uva de mesa (Sultana, conhecida no Ocidente como Thompson Seedless). Em ambos os casos, teve sucesso em termos de safras, acredito, mas a realidade econômica é que a venda de matérias-primas por atacado pode ter um retorno limitado. Não é fácil gerar valor agregado ou lucrar com a diferenciação de produtos vendendo essas chamadas *commodities*. Até que veio a "brilhante ideia". Se era possível cultivar uvas de mesa em Nashik, por que não uvas viníferas?[7] Por que não, com a ajuda do consultor e "vinhateiro voador" Kerry Damskey, que se encontrou com Samant em Sonoma, na Califórnia, e o mandou de volta à Índia com os primeiros brotos de Zinfandel a serem plantados no país? A iniciativa teve êxito, embora, como se tratasse de um projeto na linha Novas Latitudes, fossem necessárias práticas especiais para enfrentar as temperaturas, a umidade e as chuvas de monção. O fato de Nashik ficar cerca de seiscentos metros acima do nível do mar ajuda bastante. A primeira colheita foi feita em 1999, e logo a vinícola ficaria conhecida pelos primeiros vinhos Sauvignon Blanc e Chenin Blanc da Índia.

Os Vinhedos Sula (do nome da mãe de Samant) contribuíram para o surgimento de um verdadeiro polo regional de indústria vinícola. Hoje existem algumas dezenas de vinícolas cultivando as próprias uvas e comprando de agricultores independentes. Surgiu também uma modesta porém crescente indústria de turismo do vinho. A Sula está na vanguarda da estratégia de vinho, cultura e hospitalidade que muitos associam ao sucesso de Robert Mondavi no Napa. Além da vinícola, onde foi instalado o primeiro salão de degustação da Índia, que atraiu quase 250.000 visitantes em 2016, há dois restaurantes, um spa e, desde 2017, o primeiro resort vinícola do país. O Sulafest, apresentado como "o maior festival gourmet de *world music*" da Índia, transcorre durante dois dias no anfiteatro de um centro de eventos. Samant ampliou ainda mais os negócios com a importadora Sula Selections, representante de marcas icônicas de vinho e de bebidas alcoólicas do mundo inteiro. Na verdade, parece que estão ali as Nações Unidas do álcool! O acréscimo dos produtos importados à oferta ajuda a rede distribuidora a alcançar uma economia de escala, abrindo portas para a linha de produtos Sula. A Artisan Spirits, subsidiária da Sula, produz a Janus, primeira aguardente de uva 100 por cento *premium* da Índia. É produzido também um óleo de sementes de uva da marca Sula.

Todo esse empenho teve repercussão internacional.[8] A Sula ganhou, em 2016, o prêmio *Drinks Business* pela Melhor Contribuição ao Turismo de Vinho & Bebidas na Feira do Vinho de Londres, por exemplo. E a edição de maio de 2016 da revista *Wine Enthusiast* atribuiu 92 pontos ao Sula Dindori Reserve Shiraz 2014, incluindo-o entre as "Recomendações do Editor". Provamos esse vinho, saído dos vinhedos da propriedade, e o consideramos balanceado e com personalidade. A maior surpresa pode ter sido o Sauvignon Blanc, com um estilo muito próprio — diferente dos vinhos da Nova Zelândia, da França ou da Califórnia. É preciso alguma coragem para fazer um vinho com personalidade própria neste nosso mundo do "*me, too*". Gosto do estilo Sula!

Resumindo, a Sula é uma empresa impressionante e os vinhos têm conquistado um mercado cada vez maior, tanto na Índia como no exterior, onde aparecem com frequência nos cardápios dos restaurantes indianos. Cultivar uvas e produzir vinho sempre é um desafio, especialmente em novos territórios como Nashik, mas o verdadeiro desafio de Samant é contribuir para o crescimento do mercado e da cultura vinícola definindo o vinho como um fator de interação social, e não apenas mais uma bebida alcoólica. A Sula sobreviveu a anos seguidos de condições climáticas adversas e de uma situação econômica conturbada, tornando-se o maior produtor de vinhos do país. São muitos os desafios pela frente, mas o Mondavi de Mumbai e sua equipe parecem estar bem preparados para enfrentá-los.

O QUE HÁ DE NOVO?

De Bali à Tailândia e à Índia: o que foi que aprendemos? Como eu disse no início, o fio condutor dessa parte da nossa viagem tem a ver com a geografia. Os promotores da ideia dos vinhos de Novas Latitudes desafiam o senso comum e nos mostram que é possível não só produzir vinho em ambientes aparentemente adversos, como também um vinho de boa qualidade. Mas é ao mesmo tempo uma lição de determinação pessoal e sobre os climas tropicais, o que nos leva de volta à pergunta com que começamos o percurso: Por que vinho? O que o vinho tem que leva as pessoas a terem tanto trabalho para cultivar uvas, produzir o vinho e trabalhar para criar uma cultura de apreciação dessa bebida? Nossos capítulos até aqui deixaram claro que não há uma resposta simples. O vinho enche a nossa taça, mas também pode encher o nosso coração e deixar a mente focada, inspirando empreendimentos inesperados, como os que vimos até agora.

O movimento Novas Latitudes não apenas transformou convicções sobre onde e de que modo o vinho pode ser produzido, como também, sob muitos aspectos mais ou menos relevantes, alterou as bases culturais e econômicas das sociedades de que tratamos aqui. O mais importante, contudo, é a maneira como esses vinhos levam aqueles de nós que estão completamente impregnados do senso comum a levantar a cabeça e abrir os olhos. O mundo do vinho está mudando! Pois também está na hora de mudarmos a *nossa* atitude. É algo importante de maneira geral, na minha opinião, mas especialmente no ponto a que chegamos neste livro, pois preciso que você, leitor, abra os olhos e a mente no momento de darmos nosso próximo passo.

Os Vinhos
Sababay Moscato d'Bali, Indonésia

Monsoon Valley Malaga Blanc/Colombard, Tailândia

Sula Dindori Reserve Shiraz, Nashik, Índia e Sula Sauvignon Blanc, Nashik, Índia

Parte III

ALTOS E BAIXOS

Capítulo 9

Xangri-lá

Hugh Conway não pretendia chegar a Xangri-lá quando embarcou no pequeno bimotor, um modelo especialmente equipado, de propriedade do marajá de Chandrapur. Ele e os três outros passageiros estavam apenas querendo fugir de Baskul, cidade tomada por uma revolta contra o domínio colonial britânico. Mas em vez de ir para Peshawar, onde presumivelmente estariam seguros, o avião de Conway se perdeu nas alturas do Himalaia e, passadas horas sem comunicação do piloto com alguma torre de controle, ficaram sem combustível e acabaram caindo num vale perdido, que, segundo Conway, provavelmente ficava no Tibete.

Na verdade (ou melhor, na ficção), eles tinham chegado a Xangri-lá, cenário do best-seller *Horizonte perdido*, publicado em 1933 por James Hilton.[1] Conduzidos a um fabuloso mosteiro de lamas — sacerdotes budistas —, eles são convidados a levar uma vida de luxo e usufruir das bibliotecas e das músicas ali reunidas. Como todos aqueles objetos europeus foram parar naquele lugar tão distante? Isso não fica claro, tampouco o motivo.

Conway acaba sendo apresentado ao arquiteto de Xangri-lá, um monge católico francês chamado Perrault, que é o lama supremo de Xangri-lá, com mais de 250 anos de idade. Um dos muitos mistérios de Xangri-lá é que alguns habitantes têm uma vida bem mais longa que a dos humanos, digamos, normais. Mas o envelhecimento só é retardado enquanto eles viverem no vale. Quando se ausentam, a verdadeira idade rápida e fatalmente se manifesta.

Horizonte perdido é um livro com muito romance e aventura, o que explica o grande sucesso da adaptação cinematográfica realizada em 1937 por Frank Capra, estrelando Ronald Coleman e Jane Wyatt. Mas também tem um lado sério, que nos leva a fazer certas perguntas. Por que os europeus do livro são colocados num pedestal, pergunto-me? Os nativos parecem perfeitamente felizes em ser explorados e até morrer para oferecer o melhor aos convidados estrangeiros. E por que a própria Xangri-lá está fadada também a morrer, ou pelo menos parece estar, quando o supremo lama deixar de existir? Não creio que alguém se dispusesse a escrever um romance assim hoje em dia, mostrando uma civilização tão exclusivamente dependente dos europeus, e outros povos se sujeitando tão facilmente.

Horizonte perdido é muito interessante, mas o que tem a ver com o vinho? Nossa aventura aqui não diz respeito ao vinho e não foi inspirada pelo Phileas Fogg de Júlio Verne? O que vem fazer aqui esse tal de Hugh Conway? Vou explicar qual é a ligação. Nossa próxima parada é um vale, no alto de uma região montanhosa, onde uvas são cultivadas e, sob a orientação de um líder francófono, produz-se um vinho fino de estilo europeu para seduzir o paladar das elites globais. A região chama-se Xangri-lá e, embora o vinho seja perfeitamente real, saber se o lugar propriamente dito é fato ou ficção… bem, vou deixar que você decida. Intrigado? Continue lendo.

BEM-VINDO A XANGRI-LÁ

Tony Jordan não estava atrás de Xangri-lá quando chegou à China em 2009.[2] Ele foi enviado pela Möet Hennessy, divisão de vinhos e bebidas alcoólicas do gigante francês de produtos de luxo LVMH, para encontrar o melhor lugar onde produzir um vinho chinês ao melhor estilo Bordeaux de primeira classe.[3] Os chineses adoram Bordeaux, raciocinou-se, e acabarão produzindo o seu próprio. Fazia todo o sentido que os franceses cuidassem disso.

Uma das possibilidades era a minúscula aldeia de Cizhong, às margens do Rio Mekong, na província de Yunnan, junto à estrada para Lhasa, no Tibete.

Ali, padres católicos franceses fundaram uma igreja há mais de 150 anos e começaram a plantar uvas para o vinho do sacramento, e os agricultores locais seguiram o exemplo. O governo comunista expulsou os missionários em 1952, mas permaneceram os vinhedos, cultivados por plantadores locais, assim como os vinhos, que podem ser saboreados ainda hoje. Padres católicos franceses? Está muito parecido com *Horizonte perdido*, mas não havia nada mágico no lugar nem segredo algum de longevidade no vinho. Jordan considerou o lugar úmido demais, por influência do rio, para um vinho de alta qualidade. E assim, orientado por estudos sobre o clima, foi mais adiante na estrada em direção a Lhasa até chegar a... Xangri-lá!

Sim, era realmente Xangri-lá. Seria mesmo? Até 2001, Xangri-lá chamava-se Zhongdian, ou Jiantang, em tibetano. A cidade vivia da silvicultura, mas a indústria da madeira estava em declínio e os dirigentes começaram a buscar outras fontes de renda. A escolha recaiu no turismo, pois a região tinha muito a oferecer: as belezas naturais do Parque Nacional de Pudacuo e a atração cultural representada pelo tricentenário mosteiro budista tibetano de Ganden Sumtsenling (que na verdade parece um pouco com o mosteiro de Xangri-lá da adaptação cinematográfica de *Horizonte perdido* feita em 1937). Mas essas atrações seriam suficientes para atrair multidões de turistas a um lugar tão distante e a três mil metros de altitude? Decidiu-se que sim, se fosse possível mudar o nome da cidade.

E assim, no dia 17 de dezembro de 2001, Zhongdian passou a se chamar Xangri-lá, e a mudança aparentemente teve o efeito esperado, pois a indústria turística de fato floresceu na região. E depois vieram os franceses, seguindo as orientações de Tony Jordan, fundando a Möet Hennessy Shangri-La (Dequin) Winery e comercializando em 2015 a primeira safra do seu carro-chefe, o vinho Ao Yun ("Nuvens Orgulhosas").

Devo confessar que tudo isso me deixou bem nervoso quando li a respeito. Não a mudança de nome para Xangri-lá — típico golpe publicitário, todo mundo entende. Não, o que me preocupava era a influência francesa, pois voltei na lembrança a *Horizonte perdido* e às minhas reservas a respeito da história do livro, que parecia privilegiar tudo que fosse europeu em detrimento das pessoas e culturas locais. E se aquela situação real (embora não inteiramente autêntica) desse no mesmo?

O que me preocupava é o que poderíamos chamar de efeito Xangri-lá, que pode ser explicado em forma de uma pergunta muito simples. Quem se beneficiaria com o crescimento da indústria vinícola chinesa? Forasteiros? Os produtores e consultores franceses? Os comerciantes multinacionais e as casas de leilão capazes de explorar os entusiastas chineses do vinho? Ou será que os próprios chineses? Produtores, consumidores e comerciantes chineses? A Xangri-lá fictícia de James Hilton parecia arquitetada para beneficiar forasteiros. O mesmo estaria acontecendo com o vinho chinês, e inclusive, claro, com a nova Xangri-lá chinesa? Seria uma resposta particularmente desagradável à pergunta "por que vinho?". Por que vinho? Porque funciona e os chineses não resistem!

A OBSESSÃO VERMELHA DOS DRAGÕES SEDENTOS

Não sou a única pessoa preocupada com a indústria vinícola chinesa e sua possível relação nem tão saudável com a França. As primeiras informações sobre vendas de vinhos franceses na China muitas vezes davam conta da credulidade dos consumidores chineses, facilmente induzidos, segundo se dizia, a pagar preços altos por vinhos de menor qualidade, de safras nem tão boas ou por simples contrafações. Excelentes notícias para produtores de Bordeaux com excesso de produção e para falsificadores empenhados em vender rótulos fraudulentos. O problema das falsificações ainda existe, mas muita coisa mudou, como fica claro em um documentário de 2013.

Obsessão Vermelha (*Red Obsession*) arrebatou prêmios no circuito dos festivais de cinema independente, atraiu muita atenção e, para a maioria dos espectadores, introduziu o mundo do vinho chinês, que nem imaginavam existir.[4] O título é um jogo de palavras. Os consumidores chineses ("vermelhos" em associação ao regime comunista) seriam, supostamente, obcecados pelo vinho tinto (vermelho), pelos benefícios que traz à saúde, preferência a certa altura estimulada pelo governo para promover o produto como alternativa às bebidas alcoólicas feitas com arroz. E a grande obsessão dos consumidores chineses "vermelhos", no caso dos que podem pagar, são os grandes vinhos tintos da França, e especialmente o Bordeaux.

Red Obsession pintava o quadro de um país enorme enlouquecendo completamente com o vinho francês, elevando os lances nos leilões, consumindo estoques já escassos e dando então o passo seguinte: a compra dos próprios *châteaux* franceses. Mas se eu me preocupo com o lado chinês dessa relação, o filme parecia mais preocupado com os franceses e a cultura vinícola global, de maneira geral. Será que os chineses comprariam todos os grandes vinhos? E depois todas as grandes vinícolas? Não se podia fazer nada para impedir que a China passasse a dominar o mundo do vinho? Uma virada de mesa das mais interessantes.

As coisas podem mudar com grande rapidez, e a ameaça chinesa já mudava de figura antes mesmo do lançamento de *Red Obsession*. Não, os chineses não perderam o interesse pelo vinho, como veremos, mas suas obsessões... já eram outras. Uma grande campanha governamental de combate à corrupção derrubou as vendas de vinhos ultracaros. De uma hora para outra, ninguém mais queria ser visto presenteando com uma garrafa de Château Lafite um alto funcionário público, recebendo uma garrafa de Château Petrus de um potencial fornecedor ou pedindo uma garrafa de Château Latour num luxuoso restaurante. Alguém podia tirar uma foto com o celular e postá-la nas redes sociais, e não demoraria para o envolvido ouvir baterem à porta e topar com agentes de combate à corrupção ao abri-la. Melhor evitar completamente esses vinhos do que correr o risco de ser investigado.

Não tenho como saber até que ponto a obsessão vermelha era alimentada por práticas corruptas, mas o fato é que, de repente, puxaram o tapete do mercado de bebidas de luxo na China. O impacto foi suficiente para ser sentido na contabilidade global de empresas vinícolas multinacionais com grande movimento de vendas na China. Os preços dos melhores vinhos Bordeaux nos leilões também caíram.

Bordeaux não foi a única região vinícola afetada, mas nela o impacto talvez tenha sido maior, pois se revelaram equivocadas as previsões de uma demanda infinita dos seus vinhos. Ao que tudo indica, mesmo investidores chineses riquíssimos que compram para sua satisfação pessoal e não para subornar podem chegar a um ponto em que já dispõem de todos os Château Mouton Rothschild que desejariam ter na adega. Os mercados se voltaram para o Borgonha, os melhores vinhos da Itália e do Napa Valley, e assim por diante.

108 ～ A VOLTA AO MUNDO EM 80 VINHOS

Essa história foi atualizada em 2015 por Suzanne Mustacich, em seu livro *Thirsty Dragon: China's Lust for Bordeaux and the Threat to the World's Best Wines*. Primeiro, a China descobre que adora Bordeaux, logo em seguida Bordeaux se dá conta de que precisa desesperadamente da China, goste ou não, e por fim a China percebe que sua ânsia por Bordeaux talvez fosse um erro. No fim, temos *châteaux* em Bordeaux nas mãos de chineses e investimentos franceses na China, e é engraçado que seja difícil saber onde acaba um conjunto de influências e dependências e onde começa outro. Bordeaux talvez nunca mais seja a mesma depois de sua incursão chinesa. E a China também mudou um bocado.

O subtítulo do livro sugere que poderia haver uma "ameaça aos melhores vinhos do mundo", e eu tive certa dificuldade para entender o que Mustacich quis dizer com isso. A ameaça seria decorrência das fraudes e contrafações, detalhadamente analisadas por ela? Estaria no possível colapso do sistema *en primeur* dos vinhos Bordeaux? Ou seria o rápido crescimento da própria indústria vinícola chinesa, com suas características peculiares? Bordeaux certamente tem motivos para se sentir ameaçada com as mudanças no panorama econômico, mas não está claro de quem é a culpa. Às vezes, como dizia Pogo (o personagem da história em quadrinhos), "encontramos o inimigo, e ele está em nós". Com toda a evidência, saber quem se beneficia com a ascensão (ou a queda) do vinho na China é uma questão complicada.

O RUIM QUE É BOM

Quando Tony Jordan saiu em busca do melhor lugar para a produção dos vinhos tintos da LVMH, também estava à procura de um posto avançado de vinhos espumantes e o encontrou em Ningxia. Ningxia não é a região vinícola mais remota da China, mas fica perto disso.[5] São os extremos de temperatura que em geral provocam as primeiras exclamações de espanto na região. Em altitude de quase mil metros, Ningxia tem dias longos e quentes no verão e noites muito, muito frias no inverno. Tão frias, na verdade, que podem ser fatais para as videiras, que costumam ser enterradas no outono, para ficarem protegidas, e desenterradas na primavera.[6]

O Escritório de Gestão Sanitária Agrícola de Ningxia não dispunha de muitas alternativas no fim da década de 1990 quando começou a tentar desenvolver uma indústria agrícola na região. Um solo pobre, temperaturas extremas e canais de irrigação de oitocentos anos de idade configuravam más perspectivas. Mas havia uma vinícola em funcionamento, chamada Xi Xia King. Fundada como cooperativa em 1982 e nessa altura propriedade do governo local, ela é a maior viticultora da região. As uvas viníferas requerem tratamento especial, mas vicejam muito bem em solos pobres e pedregosos. Assim, depois de investigações aprofundadas, o governo local decidiu mergulhar fundo no cultivo de vinhas viníferas e na produção de vinhos. "Nunca estive em nenhum outro lugar onde o governo local seja tão favorável ao vinho quanto na pequena província de Ningxia", escreveu a crítica de vinhos britânica Jancis Robinson depois de visitar a região em 2012.

Hoje há mais de cinquenta vinícolas na região de Ningxia e a paisagem de vinhedos chega a mais de 800 hectares, com planos de duplicar essa área nos próximos dez anos (o Napa, na Califórnia, tem cerca de 450 hectares de vinhas plantadas). Ningxia atrai muito a atenção da imprensa internacional, sobretudo em decorrência do empreendimento conjunto da Möet Hennessy com uma vinícola chinesa, no montante de US$ 28 milhões.

A inauguração da grande vinícola da Möet em Ningxia, em 2013, deu à região a credibilidade que buscava, levando ao florescimento da indústria local. Pelo menos é como a história seria contada num mundo do tipo Xangri-lá, onde o que importa é a atenção dos forasteiros. Mas não foi exatamente assim que a história evoluiu. Contrariando todas as probabilidades, foram mais as vinícolas chinesas que as francesas que realmente abriram caminho. Nascida em Ningxia, Emma Gao estudou produção de vinhos em Bordeaux, mas a vinícola da sua família, a Silver Heights, é uma criação totalmente chinesa e foi, em certa medida, a qualidade dos seus vinhos que atraiu a atenção internacional para a região. A vinícola propriamente não é nenhum negócio de milhões de dólares — Jancis Robinson a descreve como pouco mais que um conjunto de galpões no terreno da família num subúrbio —, mas o vinho ali produzido é bem especial.

Ningxia, então, é uma região a ser levada em conta no contexto deste capítulo. A motivação para a criação de uma indústria vinícola lá é tipicamente local, enraizada na gestão do desenvolvimento econômico regional e impulsionada por talentos, interesses e prioridades locais. O fator internacional não

UMA CIDADE DO VINHO

pode ser ignorado, especialmente os investimentos da LVMH na produção de espumantes e o sucesso da Pernod Ricard com sua vinícola Helan Mountain, mas também não contam a história toda.

Você ficaria surpreso ao ser informado de que vinhos chineses Riesling e rosé ganharam medalhas na Exposição Internacional Panamá-Pacífico de 1915? Os vinhos eram produzidos pela Changyu Pioneer Wine Company, fundada em 1892 por Zhang (Chang) Bishi, um rico empresário chinês com negócios fora da China que viu no vinho uma excelente oportunidade de negócios, especialmente para atender à numerosa população de expatriados europeus. Ele levou videiras *Vitis vinifera* da Europa para Yantai, na Península de Shandong, que se projeta no Mar Amarelo cerca de 650 quilômetros a sudeste de Pequim. Era um projeto ambicioso, com vastos vinhedos e uma enorme adega subterrânea que levou onze anos para ser concluída. O Dr. Sun Yat-sen visitou a vinícola em 1912, segundo o site da empresa, e considerou os vinhos excelentes.[7]

A Changyu hoje está em plena atividade, expandindo a produção na China e adquirindo o controle de empresas produtoras em outros países. Seu carro-chefe em matéria de investimentos é a gigantesca Cidade Internacional do Vinho, a poucos quilômetros da recém-reformada estação de veraneio de Yantai Wine Bay. O objetivo da Cidade Internacional do Vinho, inaugurada em 2016, é atrair turistas chineses e asiáticos, que virão sentir o aroma do vinho, rodopiá-lo na taça e presumivelmente gastar dinheiro com vinhos, drinques e tudo mais. Entre as atrações estão as instalações industriais de produção vinícola, um primoroso museu e até uma aldeia de estilo europeu. A Changyu parece decidida a transformar essa Cidade na maior atração mundial do turismo vinícola, e, a julgar pelo que ouvi falar do número de funcionários mobilizados na indústria chinesa do turismo do vinho, não é uma pretensão absurda.

O investimento da Changyu não é uma iniciativa solo. O plano de desenvolvimento do governo da região prevê milhares de hectares de vinhedos, bilhões de dólares em investimentos e centenas de novos "*châteaux*" vinícolas. E, falando sério, se metade dos investimentos pretendidos se concretizarem, será o maior acontecimento do mundo do vinho.

Uma das atrações é o Château Junding da Great Wall Winery, um investimento de 580 milhões de dólares com vinícola, hotel, restaurante, uma aldeia global do vinho e 700 hectares de vinhas. A Great Wall e a Changyu são as duas maiores vinícolas da China. A Great Wall é propriedade da estatal COFCO, sigla em inglês da Corporação Nacional Chinesa de Cereais, Óleos e Alimentos. Em todas as áreas em que atua, a COFCO é conhecida por cadeias de abastecimento seguras e eficientes e um forte posicionamento no mercado. E não é diferente no caso do vinho, com uma rede de instalações de produção na própria China e investimentos no exterior. A COFCO foi a primeira empresa chinesa a comprar um *château* em Bordeaux, tendo prosseguido com outros investimentos na França, no Chile, na Austrália e talvez em breve nos Estados Unidos. Qual a importância da COFCO? Na "Lista dos Poderosos" da indústria vinícola estabelecida em 2013 pela revista *Decanter*, Wu Fei, diretor da divisão de vinhos e bebidas da COFCO, ficou em segundo lugar em termos de influência global. Só o presidente da Pernod Ricard, o grupo francês de bebidas, ficou à sua frente, o que se devia, em parte, ao sucesso da empresa na Ásia.

Uma visita a Yantai é algo muito distante, muito mesmo, de qualquer experiência do tipo Xangri-lá. Embora boa parte da arquitetura e do que se vê sejam imitações de estilos europeus, o que lá encontramos é visivelmente vinho da China feito por chineses e para chineses. Qualquer preocupação sobre uma influência europeia dominante pode ser facilmente esquecida, embora um exame mais atento evidencie que o aspecto chinês das coisas nunca é o único. O sucesso da Changyu, por exemplo, pode ser mais ou menos creditado à bem-sucedida parceria com a empresa francesa Castel. E o prestígio do vinho local aumentou quando a Château Lafite abriu um posto avançado em Shandong (bem ao lado da Treaty Port, extravagante vinícola imitando um castelo escocês, construída por um magnata do mercado financeiro de Yorkshire).

Yantai não é o autêntico ambiente vinícola chinês que eu esperava encontrar, mas está longe de ser um cenário dominado por europeus, como se podia temer. É uma mistura de coisas, como é comum vermos neste nosso mundo interconectado, dançando com ritmo próprio e evoluindo para… quem sabe o quê?

VOLTA A XANGRI-LÁ

Voltar a Xangri-lá é um choque depois de Ningxia e sobretudo de Yantai, com seus nomes importantes e investimentos gigantescos. Quando os meus colegas Pierre Ly e Cynthia Howson visitaram Xangri-lá em 2015, não havia adegas temáticas, hotéis de luxo nem agentes de relações públicas das grandes empresas para servir de guias. Na verdade, segundo me contou, Cynthia teve de recorrer a técnicas que empregava na época da pesquisa para sua tese sobre mulheres contrabandistas no Senegal. Para mim, é como um "trabalho de campo de tropa de assalto", embora certamente deva existir uma expressão mais adequada. Requer networking: encontrar pessoas, inspirar confiança, passar de um contato a outro, de uma rede pessoal de contatos a outra, de aldeia a aldeia, até finalmente encontrar (ou, em certos casos, não) a pessoa que precisava ser encontrada e obter alguma informação importante. O instinto de Cynthia para formar esse tipo de redes de base os guiou pelas pequenas aldeias que compõem a região de vinhedos de Xangri-lá, até que finalmente, ao apagar das luzes, eles foram dar à porta de uma hospedaria sem a menor tabuleta de identificação e viram no ambiente iluminado lá dentro vários rostos conhecidos da China, França, Argentina e de outros países. Eureca! Tinham chegado a Xangri-lá pela porta dos fundos!

Embora a vinícola Shangri-La fosse mundialmente famosa por causa da ligação com a multinacional do luxo LVMH, antes até de lançar seu primeiro vinho, a realidade é que as operações sob muitos aspectos são de caráter perfeitamente local. Os vinhedos são pequenos, de propriedade de camponeses da região acostumados a cuidar das videiras visando quantidade, e não qualidade. Não foi fácil mudar essa mentalidade. Como tampouco parece ter sido muito fácil construir uma vinícola moderna, segundo Jean-Guillaume Prats, o diretor de operações vinícolas da LVMH. Uma boa dose de sobrecapacidade foi embutida na construção da adega, tendo em vista a improbabilidade de conseguir levar de novo operários, equipamentos e materiais de construção à região. O Shangri-La tem o mais alto custo de produção de qualquer dos vinhos da carteira LVMH — mais até que o Château d'Yquem. Quando encontrei Prats em uma conferência em Londres, ele meio que deu de ombros ao falar do

Shangri-La, dando a entender que talvez não fosse mesmo o caso de produzir vinhos, nem mesmo excelentes vinhos, em qualquer lugar do mundo, só por ser possível.[8]

O Shangri-La não é um projeto fácil nem é totalmente francês. O governo local, que deu o impulso inicial ao estimular o cultivo de uvas, fez um acordo com o VATS Group, novo nome da Jinliufu Liquor Company, fabricante chinesa de bebidas (o baijiu, um destilado chinês tradicional, é o seu principal produto: eles têm quinze destilarias), para a produção de vinho. A VATS Liquor Chain é a maior rede chinesa de pontos de venda de bebidas. Uma empresa das mais dinâmicas, e talvez faça sentido mesmo que seja a parceira da LVMH no projeto Shangri-La.

QUAIS VINHOS?

Entre os vinhos desta parte da nossa viagem precisa necessariamente constar o Ao Yun 2013, da Shangri-La Winery, uma combinação de Cabernet Sauvignon com um pouco de Merlot, muito embora nem Pierre nem Cynthia nem eu o tenhamos provado e seja preciso tempo para economizar e poder comprá-lo, a uns trezentos dólares por garrafa. Mas como resistir a um vinho de Xangri-lá?

Pedi a Pierre e Cynthia que escolhessem os outros, por conhecerem tão bem a China e seus vinhos (eles estão escrevendo um livro sobre a indústria). A lista que estabeleceram começa com o que pôs a China e Ningxia no mapa--múndi dos vinhos, para muitos especialistas céticos. O *blend* Cabernet Jiabeilan 2009, da Helan Qing Xue deixou muita gente chocada ao ganhar o prêmio Red Bordeaux Varietal Over £10 International Trophy, no Decanter World Wine Awards de 2011.

O Tasya's Reserve Marselan 2012, do Grace Vineyard, vem em seguida, por representar tanto uma das principais vinícolas de produção de qualidade como a evolução geral do vinho chinês, do foco quase exclusivo nas variedades Bordeaux para uma apreciação mais ampla do mundo do vinho. O Marselan é um cruzamento da Cabernet Sauvignon com a Grenache, criado na década de 1960 especificamente para ampliar as alternativas de uvas de qualidade na região do Languedoc. A Grace também está forçando a capacidade operacional chinesa com um Aglianico. Fantástico! Temos em seguida o Family Reserve, da Silver Heights, representando uma dimensão diferente: a luta de uma minúscula vinícola familiar em busca da excelência.

A lista termina com o Domaine Chandon Brut Rosé, de Ningxia, o irmão espumante do Shangri-La tinto, em homenagem à colaboração sino-francesa representada por esses dois vinhos. O que também serve como lembrete de que essa Xangri-lá não é mera cópia da imaginada por James Hilton. Os protagonistas e as influências internacionais são importantes para o vinho daqui e continuarão sendo por muitos anos, mas a dinâmica mudou e as forças locais passaram a dominar. A ideia de uma indústria e de uma cultura vinícolas tipicamente chinesas seria um "horizonte perdido"? Creio que não.

Os Vinhos

Shangri-La Winery Ao Yun 2013, China

Helan Qing Xue's Jiabeilan Cabernet blend 2009, China

Grace Vineyard Tasya's Reserve Marselan 2012, China

Silver Heights Family Reserve, China

Domaine Chandon (Ningxia) Brut Rosé, China

Capítulo 10

Austrália

A Biblioteca e o Museu

O evento "Savour Australia" foi promovido para relançar a marca Austrália no mundo do vinho. O país ficara conhecido por um certo estilo de vinho simples e barato (especialmente Chardonnay e Syrah/Shiraz), e o objetivo do *Saboreie Austrália* era que todo mundo ficasse sabendo que o vinho australiano tem muito mais a oferecer (o que é um fato). Foi um momento de grande intensidade sensorial, com gente do mundo inteiro, comidas, vinhos, palestras e assim por diante. Mas no longo voo de volta para Seattle, com as ideias um pouco mais claras, vieram à tona dois ou três temas que nos ajudam a pensar o vinho australiano e o mundo do vinho de maneira geral. E, como se poderia esperar, são temas inspirados por duas espetaculares sessões de degustação de vinhos.

AUTENTICAMENTE AUSTRALIANO

A sessão "Syrah ao estilo australiano" foi realizada na histórica Ala Mortlock da Biblioteca Pública da Austrália Meridional, bem pertinho da sede da conferência. O ambiente é de madeiras escuras, cheiro de livros velhos e bolorentos e uma longa mesa coberta de taças de vinho. Foi onde passamos uma tarde, em pequeno grupo, pensando em vinho, falando de vinho e, claro, até bebendo o Syrah australiano. Se o objetivo era nos mostrar que o Syrah local não é apenas uma gelatinosa bomba alcoólica de frutas, funcionou.

Na primeira leva de degustação, foram oferecidas taças de Syrah de várias regiões da Austrália, para começarmos a entender a complexidade do *terroir* local. Uma das estratégias australianas, que também vem sendo adotada por outras regiões vinícolas, é concentrar-se na diversidade dos *terroirs*, para aperfeiçoar e diferençar os vinhos de qualidade e desvinculá-los dos simples produtos de supermercado.

Hoje o conceito de *terroir* tem muito peso em termos mercadológicos, por ser visto como um indicador de autenticidade. Os consumidores, de maneira geral, já estão familiarizados com essa noção, comendo ostras de praias específicas, bebendo chás e cafés cultivados nesta ou naquela propriedade, saboreando chocolates de determinada procedência... Uma grande empresa de bebidas alcoólicas chegou a lançar uma vodca de procedência singularizada, o que me deixou meio confuso. Não costumo beber vodca, mas até onde sei é uma bebida sem cor, sem cheiro e sem sabor. Se assim for, essa vodca especial deve se destacar por não ser neutra do ponto de vista dos sentidos, de alguma forma capturando o particular vazio sensorial de determinado lugar. Quem diria que uma coisa assim fosse possível?! Incrível mesmo. (Será que, então, ela tem uma textura característica?)

Os vinhos, todos das safras de 2009 e 2010, contavam muito bem suas respectivas histórias regionais. Plantagenet, De Bortoli, Jamsheed, Jasper Hill, McWilliams, d'Arenberg, Spinifex e Torbreck. Se você conhece os vinhos australianos, entenderá que estávamos em boas mãos. O tempo se esgotou e nos mandaram passear pela biblioteca e beliscar queijos e embutidos enquanto as taças eram retiradas e substituídas para serem enchidas e poder começar o segundo ato.

Pretendia-se, com o grupo seguinte, demonstrar como o Syrah australiano se desenvolveu ao longo do tempo, e assim degustamos vinhos de 1996, 1997, 1998, 1999, 2004 e 2005, com nomes como Craiglee, Best "Bin O", Mount Langi Ghiran, Rockford Basket Press, Jim Barry The Armagh e Clonakilla. Os vinhos, de diferentes procedências, anos e filosofias de produção, redundavam num estudo fascinante. Por fim, inevitavelmente, baixou um certo silêncio quando voltamos nossa atenção para as últimas taças da série, dois icônicos australianos: Penfolds Grange e Henschke Hill of Grace. Provamos, saboreamos e começamos a conversar. Havia muito a comentar.

O Penfolds Grange é possivelmente o vinho mais famoso da Austrália. O Henschke Hill of Grace é um velho conhecido dos admiradores dos bons vinhos do país, mas nem tanto dos entusiastas do vinho em geral. Degustar qualquer dos dois é considerado um privilégio. Saborear os dois, como fizemos, um luxo raro. Ao lado do The Laird, da Torbreck, são os vinhos australianos mais caros, custando algo entre quinhentos e mil dólares a garrafa ao serem lançados e não raro muito mais no mercado secundário. Embora os preços, naturalmente, não sejam uma indicação infalível de qualidade, preços assim certamente tendem a chamar a atenção.

Mas o debate na nossa ponta da mesa não era para saber qual o vinho mais caro nem se algum deles justificava preços tão altos. Não, a discussão estava voltada para uma questão bem mais fundamental. Qual seria a mais autêntica expressão do vinho? (Provavelmente o fato de estar bebendo numa antiga e bolorenta biblioteca trazia à tona o filósofo em cada um de nós!) Embora tanto o Grange quanto o Hill of Grace sejam grandes vinhos, representam ideias muito diferentes do vinho, muito bem capturadas nas histórias que logo são contadas a respeito de cada um. Se se espera que um vinho diga algo, como é o caso dos oitenta que precisam merecer um lugar em nossa breve lista, o que será que ele diz? Vou contar então as duas histórias, para que você possa decidir.

A OUSADA IDEIA DE MAX E CYRIL

Max Schubert foi o grande produtor de vinhos na Penfolds entre 1948 e 1975, período de grandes mudanças na agricultura australiana, pelas quais ele foi em parte responsável.[1] Os vinhos fortificados — "Porto" e "xerez" produzidos localmente (hoje em dia não os chamaríamos por esses nomes comercialmente protegidos) — dominavam o mercado.[2] Os melhores dentre eles eram fantásticos (como acontece hoje com os melhores fortificados australianos), mas impediram o desenvolvimento do vinho de mesa, segundo a tradição europeia.[3]

118 ∿ A VOLTA AO MUNDO EM 80 VINHOS

Dadas as circunstâncias, os patrões de Schubert esperavam que ele dançasse conforme a música do mercado, produzindo mais e melhores vinhos fortificados. Mas uma visita a Bordeaux mudou seus planos e, ao voltar para a Austrália, ele começou a trabalhar em prol de um vinho australiano que pudesse se equiparar aos grandes da França. Produziu vinho nas adegas da empresa em Adelaide a partir de 1951 e, em 1957, finalmente foi convocado à sede em Sydney para apresentar seu trabalho aos diretores. Eles provaram, conversaram e decidiram que o projeto... fosse encerrado! Podia ser um bom vinho (na verdade, o de 1955 era espetacular, como se revelaria mais tarde), mas não era o que o mercado queria na época. No site da Penfolds é reproduzido o comentário de um crítico que provou o vinho: "Schubert, quero cumprimentá-lo. Um excelente Porto seco, que ninguém no seu perfeito juízo vai comprar — nem muito menos beber." O Grange (ou Penfolds Grange Hermitage, como foi conhecido durante muitos anos) acabava de morrer.

Só que não. A considerável distância entre a adega em Adelaide e a sede da empresa em Sydney dava a Schubert maior autonomia do que seria de supor. Ele continuou produzindo o Grange em segredo, misturando vinhos de diferentes vinhedos e regiões, na busca de um autêntico grande vinho. Quando os diretores da empresa foram convencidos a revisitar o projeto em 1960, provaram e mudaram de ideia. O que havia mudado? Bem, Schubert tinha preparado os vinhos para durarem, de modo que haviam mudado no bom sentido. E o mercado australiano, por sua vez, também tinha mudado, o que deve ter feito diferença. A produção foi "reiniciada", já que nunca tinha sido suspensa de verdade. O Penfolds Grange viria a ganhar honrarias e prêmios em todo o mundo, alcançando a condição de vinho *cult* de que desfruta ainda hoje.

A visão demonstrada por Schubert e sua pertinácia são realmente inspiradoras, e esses vinhos com certeza merecem o icônico status alcançado. Entretanto, ao mesmo tempo, representavam e continuam representando uma ideia muito particular do que é um grande vinho. Os holofotes se voltam sobretudo para o vinhateiro-chefe — o próprio Schubert, e depois dele Don Ditter, John Duval (que conhecemos em Adelaide) e, atualmente, Peter Gago —, que todo ano cria um novo *blend* combinando várias regiões para produzir um vinho inconfundível. Os vinhos vêm de cinco vinhedos, é verdade, mas o que se celebra é o talento do vinhateiro, em geral remetendo àquele que começou tudo. Assim é que a resenha do mestre de vinhos (MW) Robert Geddes sobre o Grange 2008 (atribuindo-lhe 97 pontos e um período ideal de maturidade até 2040) começava com as seguintes palavras: "Max [Schubert] ficaria impressionado..."[4]

Max Schubert não era o único que considerava, na década de 1950, que produzir bons vinhos de mesa — e não os fortificados, mais populares — seria o melhor caminho para a Austrália. Vinhateiro de quarta geração, Cyril Alfred Henschke também começou a se voltar para uma inspiração mais europeia. Em 1956, quase dois terços dos seus vinhos eram fortificados, mas, em 1959, a produção já era 100 por cento de vinhos de mesa. Como ele conseguiu mudar tão rapidamente? Um dos motivos é que não precisou fazer nada em segredo, escondendo suas atividades de desconfiados diretores em Sydney. Não havia onde nem de quem se esconder. A Henschke era (e é) uma vinícola de família e Cyril estava no comando, representando a quarta geração que produzia vinhos em Keyneton, perto de Tanunda, no Vale de Barossa.[5]

Henschke precisava tomar uma decisão ao elaborar seus primeiros vinhos, pois a família tinha vários vinhedos no Vale do Eden (e hoje também nas Colinas de Adelaide). Podia ter seguido o modelo de Schubert, combinando uvas de diferentes áreas, mas optou por voltar o foco para o vinhedo, e não para o vinhateiro. O primeiro grande vinho, comercializado em 1958, chamava-se Henschke Hill of Grace. É um vinho de vinhedo único que reflete o que essas terras específicas oferecem a cada ano (exceto em 1974, 2000 e 2003, quando a qualidade das uvas se revelou baixa e não foram produzidos vinhos). Stephen Henschke, filho de Cyril e atualmente à frente do empreendimento, manteve essa linha e hoje a Henschke é conhecida por seus vinhos de vinhedo único, entre eles o Mount Edelstone Shiraz e o Julius Riesling.

Se um dia você fizer a visita, vai constatar que o vinhedo Hill of Grace não está numa colina, como sugere o nome. Fica junto à igreja de Gnadenberg, frequentada pela família Henschke ao longo dos anos. Gnadenberg significa "colina da graça", exatamente o nome do vinhedo em inglês. Plantado inicialmente há mais de 150 anos, o vinhedo ostenta velhas e nodosas parreiras de Syrah cultivadas sem irrigação, que rendem anualmente uma colheita pequena porém espetacular, transformada nesse icônico vinho.

O Grange fala da arte do vinhateiro. O Hill of Grace expressa a natureza de um lugar específico. Você já provou esses vinhos? Caso tenha provado, pergunto-lhe qual deles prefere (vou revelar o meu favorito no fim do capítulo). Caso contrário, gostaria de saber qual ideia de vinho você considera mais importante. Todos os vinhos resultam ao mesmo tempo de uma arte e da natureza, claro, o que não é diferente no caso desses dois. Revelam uma tensão que define o vinho ou pelo menos a maneira como o entendemos. A mim parece interessante que esses dois, produzidos com a mesma variedade de uva, criados mais ou menos na mesma época, mas diferentes sob tantos outros aspectos, tenham tido um impacto tão profundo na história do vinho na Austrália.

DEGUSTAÇÃO DE MUSEU

A degustação do Syrah australiano na biblioteca, com seu *gran finale* Grange *versus* Hill of Grace, foi realmente memorável, e poderia ser considerada o ponto alto da semana de qualquer amante do vinho (ou do mês ou mesmo do ano, acho eu). Mas no dia seguinte uma outra degustação mostrou-se perfeitamente à altura, se isso é possível, e a chamarei de degustação de museu, embora não ocorresse num museu. Ela nos ensinou ainda mais sobre o passado e o futuro do vinho australiano, além de revelar uma outra tensão fundamental que se verifica hoje no mundo do vinho.

O dono da Yalumba, Robert Hill Smith, generosamente convidou alguns de nós às famosas adegas subterrâneas do The Old Lion Hotel, em Adelaide, para uma degustação especial de vinhos de museu — vinhos mais velhos e raros do mundo inteiro, assim como dos muitos *terroirs* da Austrália, pertencentes à coleção das adegas da Yalumba. Nosso encontro, no ambiente tão característico das adegas de teto arqueado por baixo do hotel, foi o vigésimo quarto de uma série iniciada em 1977. No começo, segundo me dizem, o foco era interno, para informar e inspirar jovens vinhateiros australianos, que eram convidados a saborear alguns dos melhores vinhos, tanto em termos históricos como geográficos. Uma boa maneira de curar a chamada complacência do "palato de adega", que se manifesta quando alguém está tão acostumado a vinhos de determinadas procedências que não percebe mais seus defeitos.

AUSTRÁLIA ⁓ 121

A nossa degustação estava mais voltada para a exportação — para permitir que um público internacional apreciasse a atual produção de vinhos finos australianos em um contexto histórico.

O vinho mais velho era um Syrah "porto" fortificado, de 1922, mas quase tão velho era o Riesling Yalumba, de 1938, que também foi servido. Riesling? Sempre pensamos na Austrália como colônia britânica, mas muitos dos primeiros colonos do Vale de Barossa vinham da Silésia, então pertencente à Alemanha, e hoje quase toda integrando a Polônia. Era de onde vinha a família Henschke ao chegar à Austrália em 1841. Não surpreende, assim, que esses imigrantes buscassem regiões mais frias para plantar videiras Riesling.

A degustação oferecida pela Yalumba, com vinhos Vasse Felix, Jim Barry e Henschke, foi uma esplêndida experiência pessoal: uma conversa em que os vinhos literalmente falavam por si, contando histórias do passado e do presente com implicações para o futuro, enquanto conversávamos sobre o que íamos descobrindo. Curiosamente, uma das histórias contadas pelos vinhos falava de família, pois todos eram produto de empresas vinícolas mantidas por sucessivas gerações de uma mesma família, como a Henschke e a Yalumba, que vem a ser a mais antiga vinícola familiar da Austrália, fundada em 1847. Vinho envelhecido é uma coisa, mas vinícolas antigas são algo bem diferente. É realmente incrível que vinícolas familiares possam durar tanto, considerando-se os altos e baixos que enfrentam.[6] E o fato de que, passado tanto tempo, sejam reconhecidas como um patrimônio nacional requer uma explicação. Seria uma coincidência que a família seja tão importante no mundo do vinho?

POR QUE AS VINÍCOLAS FAMILIARES SE TORNARAM INESPERADAMENTE IMPORTANTES

Na edição de 1º de novembro de 2014, a *The Economist* publicou um ensaio sobre negócios de família, demonstrando que representam uma característica surpreendentemente robusta do capitalismo pós-industrial. Reza o senso comum, segundo explica a revista, que os negócios de família combinavam naturalmente com o capitalismo em seu início, quando era difícil poder confiar em alguém e o capital se originava sobretudo na família ou na própria empresa.[7] Mas as empresas familiares também enfrentam problemas, que tenderiam a impor-lhes limitações em termos de escala, alcance e longevidade. Os ingleses têm um ditado — "De sandálias para sandálias em três gerações" — para se referir à perda do dinamismo que gerou a empresa de família, com a consequente tendência do negócio a encolher, fracassar ou cair nas mãos de terceiros. Para o guru da gestão Alfred Chandler e outros, contudo, o senso comum diz hoje que as empresas modernas são cada vez mais racionalizadas, sendo mais bem administradas por gestores profissionais altamente treinados, e não por mandachuvas hereditários. A família, com suas características irracionais e antiprofissionais, necessariamente desempenha um papel cada vez menor.

Acredita-se que a estrutura de propriedade familiar limita o acesso aos capitais, dificultando a expansão e a eficácia gerencial. Mas, apesar disso, muitos dos nomes mais conhecidos na indústria vinícola são de empresas de propriedade familiar. Algumas dessas famílias, como os Gallo da Califórnia e os Rupert da África do Sul, mantiveram a propriedade sob estrito controle durante anos. Outras, como os Antinori na Itália, fizeram experiências com a introdução de capital externo, para afinal voltar, a um custo alto, ao modelo familiar. O artigo da *The Economist* menciona a Berry Bros. & Rudd, a varejista londrina de vinhos finos que assinala o início e o fim do percurso deste livro. A análise sobre a BB&R gira em torno da capacidade das famílias de superar crises de curto prazo e ao mesmo tempo manter o foco no horizonte à frente. Se a empresa conseguiu escapar da Bolha dos Mares do Sul,* graceja Simon Berry, à frente do negócio pela sétima geração consecutiva, estará preparada para o que quer que possa vir da economia moderna na sua direção.

Por que as vinícolas familiares se mostram tão vibrantes apesar das limitações econômicas estruturais? A resposta convencional — e de fato há uma considerável literatura acadêmica sobre negócios de família e mesmo negócios vinícolas de família — frisa que esse tipo de empreendimento tem uma abordagem multigeracional e assim consegue se equilibrar entre os rendimentos de curto prazo e o valor no longo prazo. O que se diz é que muitas vezes as grandes

---

* Frenesi especulativo que arruinou muitos investidores britânicos em 1720, com a falência da South Sea Company, fundada nove anos antes para negociar (sobretudo escravos) com a América hispânica. (N.T.)

corporações dependem excessivamente dos lucros trimestrais e acabam sacrificando interesses de longo prazo para alcançar metas financeiras imediatas. Quando o negócio requer uma visão de longo prazo, segundo esse raciocínio, as famílias levam vantagem. O vinho certamente é um negócio em que é necessário olhar para o futuro, no mínimo porque as vinhas são plantas perenes, e não anuais, como o milho ou a soja, e as marcas bem-sucedidas também aspiram a ser perenes.

Mas talvez a questão não seja saber por que as empresas vinícolas familiares são tão robustas, e as corporativas, pelo contrário, às vezes tão frágeis. Haveria no vinho algo que transforma os argutos cérebros corporativos em mingau (não todos eles, claro, mas talvez alguns)? Uma diferença que pude constatar nesse confronto entre os negócios familiares e os corporativos diz respeito ao papel de certos ativos, como marca e reputação. Muitas vinícolas familiares que vêm à lembrança aparentemente consideram que o seu papel é *proteger* a marca e a reputação, para continuarem gerando benefícios no futuro. Certas corporações que vêm à lembrança, por outro lado, parecem empenhadas em *alavancar* a marca e a reputação, para aumentar os lucros a curto prazo.

Qual o problema de alavancar uma marca? Esse tipo de ação tem o potencial de aumentar os rendimentos em qualquer negócio, mas também eleva os riscos. E um dos riscos é que a integridade de certos ativos fundamentais pode ser solapada pelo próprio processo de alavancagem. Um exemplo? Bem, para mim não é agradável criticar a Treasury Wine Estates, com sede aqui na Austrália, mas um dos meus leitores me mandou um e-mail, consternado, quando foi publicada na imprensa uma matéria sobre uma estratégia de mercado da Treasury. Vou usar o episódio como exemplo, mas a Treasury não é a única corporação da área vinícola que pode ser apontada num caso assim, nem talvez seja o melhor exemplo.[8]

Um dos elementos do plano da Treasury era desenvolver marcas para o segmento "massatígio" do mercado: escolhe-se uma marca de prestígio que é alavancada com a introdução de um produto mais barato para surfar na sua reputação, só que no mercado de massa. Massatígio? Parece que estamos numa história em quadrinhos do Dilbert, o que significa, claro, que é uma expressão contemporânea de negócios perfeitamente autêntica. A marca de moda Versace,

124 ～ A VOLTA AO MUNDO EM 80 VINHOS

por exemplo, parece ter desenvolvido uma linha de produtos massatígio de grande sucesso para as lojas de varejo de massa H&M. Se funcionou com sapatos e vestidos, por que não seria uma boa ideia no caso do vinho?

Tenho certeza de que a associação a uma ideia de prestígio contribui para vender produtos de massa mais baratos, mas me ocorrem alguns exemplos no negócio de vinhos em que ela pode ter prejudicado o caráter icônico da própria marca — um pouco (Beringer White Zinfandel) ou muito (Paul Masson, que já foi o vinho mais caro da Califórnia) —, o que me parece altamente contraproducente. Eu sei que isso aconteceu no campo da moda (basta lembrar como a marca Pierre Cardin se diluiu em produtos baratos que usavam o logotipo), e suponho então que também possa ser um fator no terreno do vinho.

Aqui vai um outro exemplo. A identidade regional é mais importante no vinho do que em certas outras indústrias, e a Treasury é proprietária de algumas marcas famosas de "vinho com denominação de origem": vinhos associados a determinadas regiões, que representam um ativo valioso. Mas meu criterioso leitor estava preocupado com os planos da Treasury de buscar fornecedores internacionalmente, para expandir a escala de algumas dessas marcas regionais.

"A ampliação da escala de negócios por meio da expansão das fontes de abastecimento é uma das mais críticas plataformas necessárias para a globalização de marcas vinícolas", segundo a reportagem. Caramba! Parece que estão falando *corporativês*, não? Perfeitamente lógico, suponho, mas não será que as marcas que se definem por seu caráter regional precisam ter fontes de abastecimento locais para preservar a integridade? A Treasury decerto analisou tudo isso muito bem e provavelmente está convencida de suas estratégias, e eu, errado, mas a mim a coisa parece problemática. Fico me perguntando se as empresas familiares não têm mais probabilidade de resistir às lógicas corporativas em matéria de vinhos, para tentar proteger ativos fundamentais como o prestígio do rótulo e a identificação regional, enquanto as corporações, pelo contrário, tendem a querer alavancar esses ativos para expandir a participação no mercado.

VOLTANDO AO GRANGE E AO HILL OF GRACE

Tudo isso nos leva de volta a Penfolds Grange *versus* Henschke Hill of Grace e ao paradoxo representado por esses dois vinhos. Ambos estão associados a uma indústria de vinhos tradicional na Austrália e ambos começaram como empresas familiares, mas enquanto a Henschke enfrentou as tempestades no seu formato original, a Penfolds (como se podia depreender da história envolvendo a diretoria em Sydney) cresceu e se tornou mais expansiva. Em 1990, a empresa foi comprada pela Southcorp, cervejaria fundada em Adelaide, em 1859, com o nome de West End Brewery. A West End cresceu mediante aquisições (a economia de escala é muito importante na indústria cervejeira) e acabou se diversificando para vinhos, embalagens e, sabe-se lá por quê, fabricação de boilers.[9] Mais tarde, já contando em sua carteira com marcas como Penfolds, Lindeman's e Rosemount, a Southcorp voltou a se concentrar no vinho, para acabar sendo comprada em 2005 pela Foster's, gigante australiana de cerveja que queria se diversificar.

A Foster's enfrentou dificuldades econômicas em decorrência tanto da crise financeira mundial como do fato de ter comprado a Southcorp quando esta dominava o mercado. Sob crescente pressão financeira, a Foster's acabou isolando os ativos vinícolas de mau desempenho numa companhia à parte, a Treasury Wine Estates, que vem progredindo lenta mas significativamente no sentido de racionalizar e revitalizar sua carteira vinícola global, tendo como grande estrela o Penfolds. No momento em que escrevo, posso informar com prazer que, segundo a Treasury, as vendas vão bem e o lucro aumenta, o que é uma boa coisa, pois muito depende do seu sucesso.

Como várias outras marcas famosas de vinho, a pobre Penfolds vem sendo passada de mão em mão, e é impressionante (Max de fato ficaria orgulhoso) que a qualidade tenha sobrevivido ao duplo golpe das constantes mudanças no controle corporativo e dos ciclos e desafios mais genéricos da indústria vinícola australiana, que levaram a Wine Australia a nos reunir no Savour Australia para relançar sua marca no mercado global. Espero que agora a Penfolds também sobreviva à pressão para alavancar sua reputação com ofertas massatígio de preços acessíveis e fontes de abastecimento globalizadas.

O Grange e o Hill of Grace são grandes vinhos, mas acima de tudo sobreviventes, e nos dizem algo importante sobre o vinho, a Austrália e talvez nós mesmos. Gosto de ambos e admiro os audaciosos vinhateiros que os criaram, mas não vou negar que prefiro o Hill of Grace. Seria o vinho propriamente? Ou a ideia de vinho que ele representa?

Os Vinhos
Penfolds Grange Bin 95 Shiraz, Austrália Meridional, Austrália
Henschke Hill of Grace Shiraz, Eden Valley, Austrália

Capítulo 11

Tasmânia

O Frio É Quente

Nosso avião pousou no aeroporto de Hobart e embarcamos num Kia Sportage alugado rumo a Richmond, uma aldeia histórica à beira do Rio Coal. Uma das principais atrações da cidadezinha é uma ponte construída por detentos em 1823. Atravessamos a cidade e seguimos por uma estrada de saibro até a longa aleia de terra e cascalho à entrada da Tara's Farmstay, fazenda à beira-rio cujos proprietários, dois agrônomos, criam gado e ovelhas, plantam culturas em linha e aceitam hóspedes como nós. Têm também alguns vinhos e produzem um pouco de Pinot Noir para consumo próprio. Sue adorou alimentar um carneirinho que se aproximou certa manhã. Gostamos de nos hospedar com agricultores e fazendeiros sempre que possível, para sentir o clima local, o que é difícil do saguão do Hotel InterContinental, por mais agradável que seja.[1]

A Tasmânia é um destino fora dos circuitos habituais. É preciso querer estar aqui para chegar até aqui, o que não deixa de ser irônico, por ser a região tão associada a um passado de colônias penais. Em sua maioria, os primeiros moradores não queriam em absoluto estar aqui. A Grã-Bretanha mandava seus criminosos mais renitentes para cumprir pena em Port Arthur. Hoje, turistas e imigrantes buscam a Tasmânia por sua história (tanto Port Arthur como a região das minas de carvão fazem parte do Patrimônio Mundial da UNESCO) e a beleza natural. E também, claro, pelo vinho. A Tasmânia talvez ainda não esteja no nosso radar vinícola, mas logo estará. É uma das regiões vinícolas emergentes mais *quentes* do mundo.

VINHOS APAIXONANTES

A Tasmânia tem quatro regiões vinícolas, uma ao Norte, perto de Devonport, outra no Vale do Tamar, uma terceira espalhada pela Costa Leste e a quarta no Sul, perto de Hobart e Richmond, onde nos hospedamos. Muitos vinhos dignos de nota são feitos na ilha — ficamos particularmente impressionados com o Pinot Noir Freycinet da Costa Leste. No Vale do Rio Coal há mais de quinze vinícolas, das simples às sofisticadas. Em Frogmore Creek encontramos um salão de degustação moderno e elegante, por exemplo, além de um restaurante *gourmet*. E embora essas atrações fiquem longe dos circuitos habituais, Frogmore Creek estava em falta de muitos dos seus vinhos durante nossa visita, o que parece indicar que o turismo vinícola prospera na região. Em 2016, o Pinot Noir do Tolpuddle Vineyards, que não pudemos visitar em nossa excursão ao Vale do Rio Coal, foi considerado um dos onze melhores Pinot Noir do mundo, afora os Borgonha, por Stephen Brook, da revista *Decanter*.[2] É um projeto de Martin Shaw e Michael Hill Smith, que produzem excelentes vinhos nas Colinas de Adelaide, mas também montaram um negócio na Tasmânia, por não resistirem à oportunidade.

Um dos meus vinhos favoritos da Tasmânia é de uma companhia chamada Jansz, nome inspirado em Abel Janszoon Tasman, que descobriu, em 1642, a ilha que hoje leva o seu nome. A Jansz produz vinhos espumantes usando a "Méthode Tasmanoise", o que significa o mesmo método clássico usado em Champagne. E faz sentido, pois a vinícola foi fundada em 1986, parceria de uma empresa local com a Louis Roederer Champagne. Os franceses encontraram na região do Rio Pipers, no Vale do Tamar, um clima ribeirinho propício ao cultivo de uvas e comparável ao da Champagne. Perfeito para o tipo de vinhos de base de alta acidez usados para produzir os grandes espumantes. A família Hill Smith, proprietária histórica da Yalumba, comprou a Jansz em 1997.[3] Não é exportada uma grande quantidade, conta-me Robert Hill Smith. O fornecimento limitado de uvas e a grande demanda australiana conspiram para restringir as vendas ao exterior.

Nosso principal destino vinícola no Vale do Rio Coal era a Domaine A, cujo Cabernet Sauvignon é considerado o melhor vinho do tipo na Austrália (sem dúvida uma afirmação ousada) e consta do livro *1001 vinhos para beber antes de morrer*.[4] Domaine A é um projeto de Peter Althaus, engenheiro suíço da IBM levado por sua paixão pelos Bordeaux a correr o mundo em busca de um lugar perfeito para produzir esse estilo de vinho. Ele queria um lugar frio onde pudesse fazer vinhos de excepcional elegância, e finalmente encontrou o que buscava no Vale do Rio Coal. Peter e a mulher compraram e promoveram melhorias no Stoney Vineyard, o mais velho vinhedo da região, tendo sido plantado inicialmente em 1973. Não foi à toa que se deu o nome de "pedregoso" ao vinhedo, e a propriedade é compacta, mas apresenta aspectos diversificados num solo particularmente rochoso. Uma neblina espessa pairava sobre a paisagem no dia da nossa visita, conferindo-lhe uma certa atmosfera sobrenatural.

O processo de produção do vinho é preciso, como se poderia esperar de um engenheiro suíço. Cada vinho do Domaine A é bem característico, com personalidade própria, e não consigo realmente dizer qual me agrada mais. O Pinot Noir com certeza era diferente de qualquer Pinot que eu tivesse provado antes, talvez porque Althaus não seja realmente um fã do Borgonha, sentindo-se livre para expressar seus pontos de vista. O Sauvignon Blanc Lady A Fumé Blanc, com um toque de carvalho dos velhos barris, também era maravilhoso. E já que não estou preparado ainda para encarar a Ceifadora, devo dizer que o Cabernet Sauvignon Domaine A realmente se mostra à altura do oba-oba em torno dos 1001 vinhos que não podem ser esquecidos antes de morrer. Um vinho *cult* da Tasmânia. Quem poderia imaginar? Peter Althaus, claro. À frente do seu tempo… sob mais de um aspecto.

O QUE FAZ COM QUE A FRIA TASMÂNIA SEJA TÃO… *QUENTE*

Louis Roederer e Peter Althaus chegaram à Tasmânia por motivos diferentes, para fazer vinhos diferentes, mas o clima frio foi importante em ambos os casos. Os climas ribeirinhos são os melhores para vinhos espumantes, por exemplo, porque a fermentação secundária transforma o vinho de base ácido nesse vinho luminoso e borbulhante que todos adoramos. E Althaus queria um lugar frio, onde pudesse amadurecer suas uvas Cabernet Sauvignon apenas um pouco, para alcançar um certo equilíbrio e refinamento que talvez não fosse possível em outro lugar. Produzir vinhos espumantes na Tasmânia pode ter se mostrado uma loucura na década de 1980, mas Althaus deve ter se mostrado ainda mais louco quando comprou o Stoney Vineyard em 1990. Na época, a ideia de amadurecimento estava no auge, e as regiões mais quentes eram as mais procuradas. Mas os tempos mudaram e hoje os dois tipos de investimento parecem fazer todo o sentido. Os espumantes são mais procurados que nunca (graças ao boom do Prosecco) e os tintos elegantes de baixo teor alcoólico voltaram à moda. Mas nada disso explica a maior atenção voltada para a produção de vinhos na Tasmânia.

O frio da Tasmânia é *quente* hoje em dia por causa das mudanças climáticas. Muitos acreditam que, com o crescente aquecimento na Austrália, a produção de vinhos finos será transferida para a Tasmânia e outras regiões mais frias, como a Península de Mornington, perto de Melbourne, origem de outro dos Pinot Noir que são "os melhores fora da Borgonha" na relação de Stephen Brook. Na Austrália e no resto do mundo, prossegue a busca de regiões de clima frio para o cultivo de vinhas.

O CANÁRIO NA MINA DE CARVÃO: MUDANÇAS CLIMÁTICAS

O possível impacto das mudanças climáticas no vinho que bebemos e na indústria que o produz é muito relevante.

Não é nenhum absurdo pensar no vinho como o "canário na mina de carvão"* quando se trata de mudanças climáticas, especialmente do aquecimento global. Embora as videiras sejam plantas bastante robustas, os padrões de tolerância climática de certas variedades *Vitis vinifera* e particularmente das uvas

---

* Canários costumavam ser levados em gaiolas pelos trabalhadores que desciam às minas de carvão, para a detecção precoce de uma eventual saturação com gases perigosos (como o monóxido de carbono), pois o metabolismo do pequeno animal, por ser acelerado, dava o "sinal", permitindo salvar os mineiros. (N. T.)

de alta qualidade para vinhos finos, são surpreendentemente baixos.[5] O Professor Gregory V. Jones, climatologista especializado em viticultura, estudou a situação de perto, por interesse tanto pessoal como profissional. Sua família é proprietária de uma vinícola, a Abacela Winery, em Roseburg, Oregon, que se especializa em vinhos produzidos com variedades de uvas espanholas, contrariando a percepção habitual de que o Estado do Oregon é uma região de clima frio favorável à Pinot Noir.

As pesquisas de Jones demonstram que uvas de qualidade podem vicejar em condições em que a temperatura média das estações de cultivo varia entre cerca de 13°C e 20°C (as uvas-passas e as uvas de mesa se saem melhor na parte mais cálida desse espectro, sendo compatíveis com temperaturas médias de até 24°C). Mas a variação de temperatura aceitável, no caso de certas variedades de uvas, é muito menor. A Riesling de qualidade, por exemplo, se dá melhor com temperaturas médias (entre cerca de 13°C e 17°C) na temporada de cultivo, variação relativamente ampla em comparação com a Pinot Gris, que não se dá bem com um ambiente que fique muito acima de uma temperatura média de 15°C.

A variação, no caso da Pinot Noir, vai de aproximadamente 14°C a 16°C, e, em caso de temperaturas mais altas, um produtor de uvas para vinhos de qualidade precisa começar a pensar em cultivar videiras dos tipos Tempranillo, Dolcetto ou talvez Merlot, capazes de produzir uvas em condições variando entre 16°C e 19°C. Se as temperaturas subirem ainda mais, as castas Carignan, Zinfandel e Nebbiolo, que amam um calorzinho, são as mais indicadas. A tolerância climática para o cultivo de uvas destinadas à produção de vinhos de qualidade termina definitivamente quando as temperaturas médias da estação chegam acima de aproximadamente 22°C, segundo Jones.

Encontrei muito poucos negacionistas das mudanças climáticas no mundo dos vinhos, o que talvez se explique pelo fato de os agricultores (que é o que os viticultores são) tenderem a manter muito bem registradas as condições climáticas de cada estação, para poderem se basear no que aconteceu em anos anteriores. Os vinicultores da Austrália Meridional que se voltam cada vez mais para a Tasmânia objetivando se precaver das mudanças climáticas evidentemente consideram a ameaça muitíssimo real. Mudar-se para a Tasmânia, para eles, é uma questão de bom senso.

UM PONTO DE INFLEXÃO?

E as pesquisas baseadas nos detalhados registros desses agricultores deixam claro como o bom senso é necessário. Segundo os estudos de Jones, constatou-se que a temperatura média de regiões vinícolas de todo o mundo nas estações de cultivo subiu cerca de 1,3°C entre 1950 e 2000 (para se ter uma ideia, um aumento de mais da metade da variação ideal de temperatura para a Pinot Noir), fazendo algumas regiões oscilarem para o ponto ideal no caso de certas castas, e outras, para o limite superior. Na verdade, em matéria de pontos ideais, um dos fatores de complicação nas mudanças climáticas, em relação ao vinho, é que, até muito recentemente, o impacto geral era provavelmente positivo para muitas regiões ou mesmo a maioria. Temperaturas mais altas, estações de cultivo mais longas: mudanças que poderiam ser consideradas favoráveis e não desfavoráveis, permitindo produzir vinhos mais maduros e encorpados, bem de acordo com o estilo mais favorecido em nossa época.

Mas as projeções climáticas feitas por Jones parecem indicar que, global-mente, o vinho está chegando a um ponto de inflexão, ou talvez já tenha chegado. Calcula-se que as temperaturas médias das estações de cultivo de determinadas regiões continuarão aumentando significativamente, pondo fim em muitos casos, na prática, a tradicionais associações de *terroir* entre certos lugares e variedades características de uvas. A decisão da família Jones de plantar Tempranillo no sul do Oregon parece mais inteligente a cada ano que passa.

Que fazer, então? Bem, o fato é que há um certo limite para o que os vinicultores podem fazer individualmente para deter ou reverter o processo de aquecimento global com intervenções diretas, quaisquer que sejam, em última análise, as causas. (Embora muitos desses agricultores sejam verdadeiros modelos, adotando, por exemplo, a captação de energia solar e outras práticas conserva-cionistas.) E é claro que não tem como todos mudarem para a Tasmânia. Mas são muitas as medidas intermediárias que podem ser (e estão sendo) tomadas, a começar pela alternativa das uvas Tempranillo e outras que se dão bem com temperaturas médias mais altas. Certos vinicultores da Austrália Meridional estão reenxertando os rizomas com variedades de uvas mais tolerantes ao calor, originárias da Espanha e do Sul da Itália. Também buscam clones mais resis-tentes ao calor das variedades de uvas que usam atualmente e experimentam técnicas de cuidados adicionais com as copas das videiras, para proporcionar mais sombra às já plantadas. Também já ouvi falar de planos de replantio de vinhedos inteiros, para que as linhas se perfilem de leste a oeste, e não de norte a sul. As fileiras dos vinhedos plantadas de norte para sul recebem a luz solar de um lado de manhã e de outro lado à tarde, servindo a copa para proteger as uvas do calor do meio-dia. Já os vinhedos plantados de leste para oeste desfrutam dessa proteção das copas o dia inteiro. Arrancar as videiras e plantar novas variedades… substituir completamente as uvas por outras colheitas… são últimos recursos que não faz muito tempo pareciam de um futuro distante. Mas o futuro é agora, ou pelo menos não está tão longe quanto achávamos, no caso de determinadas regiões vinícolas.

O BOOM DO VINHO INGLÊS

A Tasmânia não é a única ilha passando por um boom vinícola decorrente das mudanças climáticas. Ponto de partida e ponto final da nossa jornada, a Inglaterra também passa atualmente por um rápido crescimento da cultura vinícola. E os vinhos podem ser muito bons. Se você se deparar em algum momento com um vinho inglês, deve experimentá-lo. Toda vez que passamos pelo Heathrow, em Londres, Sue e eu fazemos questão de uma parada, no Terminal 5 do aeroporto, em um restaurante chamado Plane Food (que integra o império do célebre chef Gordon Ramsay), pelo simples motivo de que sempre há algum novo vinho inglês para experimentar. No momento em que escrevo, o cardápio de bebidas oferece dois rosés espumantes ingleses e um vinho branco de Kent.

E, por sinal, o que interessa são os vinhos ingleses, e não britânicos. Qual a diferença? A Inglaterra não faz parte da Grã-Bretanha? Logicamente, o vinho inglês não deveria ser considerado britânico (junto, supostamente, com vinhos feitos na Escócia, no País de Gales e na Irlanda do Norte)? Infelizmente, a lógica não nos leva muito longe em matéria de identidade vinícola regional. O vinho inglês é produzido na Inglaterra com uvas frescas cultivadas na Inglaterra, exatamente como se poderia esperar. Mas o vinho britânico é feito na Grã-Bretanha com concentrados de vinho importados de algum outro país e restabelecidos em sua forma original pelo acréscimo de água de boa qualidade (britânica, presumo).

O rápido crescimento recente do vinho inglês resulta de uma combinação de geologia e mudanças climáticas. Essas mudanças vêm gerando na Inglaterra um ambiente que já não fica fora do mapa mundial do vinho. As mudanças climáticas também ocorrem na França, e particularmente na região de Champagne, onde se tornam mais elevadas as temperaturas de um clima ribeirinho que, consequentemente, se torna menos propício à produção do Champanhe. O clima mais clemente, permitindo uma estação de cultivo mais prolongada, é prejudicial à Champagne desse ponto de vista, o que também acontece em outras regiões, como Bordeaux. O clima está se tornando bom *demais* para a produção dos vinhos ácidos que, uma vez refermentados na garrafa para gerar a efervescência, resultam nos melhores Champanhes.

O futuro do Champanhe, assim, é incerto, à medida que o mundo se torna mais quente. Não creio que um dia fiquemos totalmente privados de um bom Champanhe, embora seja provável que ele tenha de mudar. Outros produtores poderão usar as mesmas variedades de uvas que as da região de Champagne e recorrer às mesmas técnicas de produção, mas será que poderiam copiar o solo gredoso que resulta naquele, digamos, "pulo do gato" desses vinhos? Bem, os ingleses não podem copiar o solo, mas não precisam, pois, pelo menos em alguns lugares, já o têm. Basta pensar nos "penhascos brancos de Dover". Esses penhascos seriam feitos mais ou menos da mesma matéria calcária que os vinhedos da Champagne, o que acabou atraindo a atenção do mundo do vinho e explica o forte interesse despertado pelos vinhos ingleses espumantes em especial.

Dois terços dos vinhos ingleses são espumantes e, mesmo os vinhedos sendo em geral pequenos e os principais projetos girem em torno de gente que ganhou muito dinheiro em outros negócios, os próprios franceses já plantaram sua bandeira na Inglaterra. Jancis Robinson informa que a Taittinger formou uma joint venture com a importadora Hatch Mansfield, de Kent, no Reino Unido. As primeiras vinhas devem ser plantadas (em solo devidamente gredoso) em 2017. Quanto tempo levará para que a demanda inglesa por Champanhe possa ser atendida por produtores locais? Dessas pequenas vinhas pode surgir uma poderosa indústria vinícola.[6]

É difícil optar por um vinho inglês para representar este capítulo na nossa história, mas acho que vou escolher o Nyetimber, de West Sussex, que segundo

Robinson deu início ao moderno movimento pela produção de vinhos espumantes ingleses, com o plantio de vinhedos em solos gredosos de uma propriedade histórica (que aparece no *Domesday Book* de 1086).★ O Nyetimber Classic Cuvée é um clássico moderno, "um dos melhores vinhos espumantes da Inglaterra", segundo resenha de Jamie Goode no *Sunday Express*: "Trata-se de coisa muito séria [...] refinado e texturizado, com excelente equilíbrio." Em alto conceito, como se vê. O preço também se alinha com os Champanhes, passando um pouco das trinta libras. Com uma produção total de 6,3 milhões de garrafas em 2014, o vinho espumante inglês já começa a invadir o terreno dos 32,7 milhões de garrafas importadas de Champagne. Quem sabe onde isso dará? Com a ajuda de solos gredosos e das mudanças climáticas, é fácil imaginar um crescimento exponencial. Mas talvez seja um equívoco.

AS MUDANÇAS CLIMÁTICAS DÃO, MAS DEPOIS TIRAM

Um equívoco? Sim, o problema é que as mudanças climáticas não se resumem à questão do aquecimento global, significando também uma intensificação da instabilidade do tempo em termos locais. Pense globalmente, mas previna-se localmente: poderia ser um bom lema para encarar o futuro. Já notou que às vezes as tempestades na sua região são mais frequentes ou mais fortes que antes? Que as estações às vezes parecem meio descompensadas? A falta de umidade do verão se transforma em seca e no inverno a umidade leva a recordes de índices pluviométricos. Talvez você não tenha boa memória, talvez sejam eventos aleatórios do clima ou talvez seja algo bem mais grave.

Uma dissertação científica publicada em 2016, com o título "Impacto das recentes mudanças climáticas e da variabilidade do tempo na viabilidade da viticultura no Reino Unido — combinando recordes de tempo e clima com as perspectivas dos produtores", enumera os dilemas da produção vinícola na

---

★ O Livro do *Domesday* é o registro de uma espécie de censo dos proprietários de terras e gado promovido nesse ano por Guilherme I da Inglaterra, para fins de taxação. O nome *domesday* vem do inglês arcaico *dom*, que significa avaliação ou contabilidade; *doomsday* passou a significar juízo final porque os cristãos antigos acreditavam que uma avaliação dos feitos de cada um seria feita pelo Cristo no fim dos tempos. (N.T.)

Inglaterra e em muitas outras regiões.[7] O estudo constatou uma tendência "não linear" de aquecimento nas principais regiões de cultivo vinícola nas últimas décadas. As temperaturas mais altas nas estações de cultivo estimularam os agricultores a plantar mais Chardonnay e Pinot Noir, castas excelentes para o vinho espumante, mas também sensíveis a anomalias climáticas, como geadas tardias ou tempestades fora de época. As geadas de maio e as tempestades de junho podem neutralizar os benefícios de um tempo quente em abril. Em suma, a maior instabilidade das condições atmosféricas pode anular os benefícios do aquecimento para os produtores de uvas no Reino Unido. O fato de alguns terem abandonado as variedades próprias para climas mais frios aumenta a vulnerabilidade da indústria a eventos atmosféricos negativos.

Será que a maior volatilidade atmosférica (ou mesmo a nova periodicidade de eventos extremos) vai limitar a migração das regiões vinícolas mais quentes para as mais frias no Reino Unido, na Tasmânia e em outros países? Difícil saber, no mínimo porque as coisas mudam muito rapidamente. Minhas viagens vinícolas me levaram a inúmeros lugares onde o tempo parecia esquisito. Fui conversar com um grupo de vinicultores em Ontário, no Canadá, em março de 2015, por exemplo, e encontrei vinhas ainda cobertas de neve, o que era bom, pois as isolava de um frio horrível fora de época. A vista da minha janela no hotel era o Rio Niagara congelado. Mais frio, impossível. Voltando a Seattle de uma visita aos campos de cultivo vinícola da Virgínia, fiz a mais rápida viagem transcontinental de avião, no sentido Leste-Oeste, da minha vida. A corrente de jato, que normalmente gera um forte vento contrário, nem chegou a se manifestar, desviada por padrões incomuns de pressão atmosférica. Passamos pelo portão do aeroporto em SeaTac com mais de uma hora de antecedência. Os vinicultores da Califórnia enfrentaram vários anos de uma seca recorde, aliviada exatamente com o contrário: recordes de chuvas. Tempo normal? Já não sei mais o que isso pode significar.

Na Tasmânia, enquanto isso, somos lembrados de que as mudanças climáticas são um fenômeno complicado. Um artigo publicado em fevereiro de 2016 na *The Economist* anunciava: "A Tasmânia explora um novo caminho: água no vinho."[8] O clima na Tasmânia pode ou não estar ficando mais volátil, mas o artigo nos lembra que essas mudanças estão acontecendo praticamente em todo lugar. A Tasmânia ocupa apenas 1 por cento da massa de terra da Austrália, com

2 por cento da população, mas fica satisfeitíssima por receber 13 por cento da precipitação pluviométrica no país (embora nem sempre nos lugares mais úteis ou convenientes). Enquanto o território principal da Austrália (chamado de "a grande ilha" pelo pessoal da Tasmânia) continuar sendo o continente mais seco do planeta, com secas cada vez mais frequentes, a Tasmânia, mais fria e úmida, vai exercer uma atração magnética. Pois num mundo em aquecimento constante, realmente é *quente* fazer frio.

Os Vinhos
Tolpuddle Pinot Noir, Coal River, Tasmânia, Austrália
Domaine A Cabernet Sauvignon, Coal River, Tasmânia, Austrália
Nyetimber Classic Cuvée, Sussex, Inglaterra

Capítulo 12

Cruzeiro do Sul

"Southern Cross" (Cruzeiro do Sul) é o título de uma canção que ganhou popularidade com o lançamento do álbum *Daylight Again*, da banda Crosby, Stills & Nash, em 1982.[1] No início, a letra fala da viagem de um marinheiro pelo Pacífico Sul, onde ele vê no céu o Cruzeiro do Sul, a constelação característica desse hemisfério. Mas à medida que evoluem as belas harmonias, entendemos que fala na verdade do amor, da vida, das perdas e daquilo que fica.

Se os capítulos deste livro tivessem cada um a sua canção temática, o que não é o caso, este capítulo seria "Southern Cross", e não apenas porque rumaremos para a Nova Zelândia e depois a América do Sul na companhia do famoso conjunto de estrelas. Cada etapa vai nos ensinar algo sobre perda e resgate e talvez também sobre o que permanece. Pronto para nossa viagem guiada pelas estrelas em busca de mais vinhos?

ROMEO NA NOVA ZELÂNDIA

Estamos em 1895, viajando de navio da Austrália para a Nova Zelândia na companhia de um especialista dálmata em vinhos com o exótico nome de

140 ～ A VOLTA AO MUNDO EM 80 VINHOS

Romeo Alessandro Bragato, um dos grandes pioneiros do vinho na Nova Zelândia. Formado na famosa escola italiana de vinhos de Conegliano, não longe de Veneza, Bragato foi contratado em 1889 para ajudar a desenvolver uma indústria vinícola na região de Victoria, na Austrália. Sua atuação foi tão útil que, em 1895, o primeiro-ministro neozelandês, Richard Seddon, pediu ao governo de Victoria que lhe cedesse Bragato, para avaliar as possibilidades de uma indústria vinícola no território vizinho também.

Percorrendo as ilhas de norte a sul, Bragato viu muito potencial vinícola. O que não surpreende, quando sabemos que as ilhas gêmeas que formam a Nova Zelândia se estendem praticamente do mais convencional clima vinícola frio, na extremidade sul, à zona vinícola mais tipicamente quente ao norte, perto do equador. Entre os dois pontos se encontram os mais variados tipos de condições naturais, aparentemente oferecendo algo em algum lugar para todo tipo de vinho. A análise de Bragato, publicada com o título de *Perspectivas da viticultura na Nova Zelândia*, apontou o caminho para o vinho local. Bragato não trouxe uvas viníferas para a Nova Zelândia (segundo a maioria dos relatos, as primeiras videiras foram plantadas pelo Reverendo Samuel Marsden em Kerikeri, Bay of Islands, na Ilha do Norte, em 1816), mas trouxe qualificação profissional e a visão de uma futura indústria vinícola.[2]

Bragato voltou várias vezes à Nova Zelândia, acompanhando em especial a incidência de filoxera e promovendo o uso de rizomas resistentes a essa praga, até aceitar, em 1902, a função de viticultor chefe no Departamento de Agricultura da Nova Zelândia. Sua gestão foi importante em termos científicos e da indústria — ele publicou um trabalho de referência, *Viticultura na Nova Zelândia* —, mas não durou muito. Um forte movimento abstencionista tomou conta das ilhas e o Departamento de Agricultura encerrou seu programa vinícola. Indignado, Bragato transferiu-se com a família para a Colúmbia Britânica, no Canadá, em 1909. Lá morreu em 1913, com apenas 55 anos.

É difícil não pensar em Romeo Bragato, agora que a vibrante indústria vinícola imaginada por ele se concretizou, talvez até superando seus sonhos mais ousados. Hoje, a Nova Zelândia é quase tão conhecida por seu vinho quanto por suas criaturas lendárias, os *hobbits* (a série de filmes *Senhor dos anéis* foi rodada aqui). Encontramos o Pinot Noir de clima frio em Otago Central, o pungente Sauvignon Blanc em Marlborough e tintos que se dão bem no calor em Hawkes Bay, para mencionar apenas três das muitas regiões. Embora a produção total seja minúscula na Nova Zelândia (décimo sétimo lugar no ranking mundial, entre a Hungria e a Áustria), sua rede de distribuição é ampla. E os preços são altos. Na verdade, o preço médio de exportação da Nova Zelândia costuma ficar no alto da lista dos vinhos tranquilos de mesa. O que é incrível, especialmente considerando-se que um vinho branco, Sauvignon Blanc, lidera a lista e os tintos em geral têm status e preços mais elevados.

O vinho na Nova Zelândia passou por alguns ciclos ao longo das décadas desde que Romeo Bragato se mandou para o Canadá. As ondas de imigrantes que fugiam da Europa Central antes da Primeira Guerra Mundial, por exemplo, em busca de paz e prosperidade, traziam vinhos. Mas a guerra, a depressão econômica e outros problemas sempre pareciam impedir que a indústria prosperasse. Até que, na década de 1970, o governo adotou uma estratégia de desenvolvimento de economia fechada, destinada a estimular o crescimento interno, impedindo a entrada de produtos e investimentos estrangeiros. Foi um desastre, pelo menos para a indústria vinícola. Sem a concorrência estrangeira, o vinho da Nova Zelândia caiu vertiginosamente, com produtos de baixa qualidade destinados a um mercado de mínimo denominador comum. O mercado entrou em colapso e foi promovida uma operação de "salvamento" financiada pelo governo, para literalmente arrancar as vinhas da terra. O vinho neozelandês estava mesmo no fundo do poço.

Não tendo conseguido montar uma indústria com práticas protecionistas, o governo mudou de rumo na economia em geral e no vinho em particular. As barreiras aos produtos e investimentos estrangeiros foram eliminadas. Veio então uma enxurrada de vinhos baratos que ocuparam um mercado até então monopolizado pelos vinhos locais. A única maneira de sobreviver era melhorar a qualidade e se voltar para a exportação. O fato de esse movimento ter alcançado êxito representa um tributo tanto à visão de Romeo Bragato como à tenacidade e determinação dos vinicultores e empresários que enfrentaram o desafio do admirável mundo novo do vinho.

Dois vinhos entrarão na nossa viajante caixa dos oitenta para representar a Nova Zelândia. O primeiro é um Pinot Noir oriundo de Quartz Reef, em Otago Central. Romeo Bragato visitou essa região fria da parte meridional da Ilha do Sul e a considerou ideal para o vinho — especialmente, especificou, para o Pinot Noir com a qual ela é identificada hoje.

O Quartz Reef é um vinho de vinhedo único produzido por uma pequena empresa estabelecida na década de 1990 por um vinicultor austríaco que chegou ao país quando o mercado local finalmente se abriu. Os vinhos Quartz Reef das variedades Pinot e espumante são muito apreciados pelos especialistas, não raro com especiais elogios para o Pinot Gris. A Quartz Reef representa a bem-sucedida indústria artesanal de vinho que Romeo Bragato vislumbrou.

O Brancott Estate, o segundo vinho neozelandês que escolhi, vai além do que Bragato jamais poderia ter sonhado. O nome deriva da Propriedade Brancott, o primeiro vinhedo de Sauvignon Blanc plantado na região de Marlborough, no norte da Ilha do Sul. Marlborough talvez fosse o último lugar em que Bragato esperaria ver uvas vinícolas. Notabiliza-se pela ausência em seu apanhado sobre as regiões mais promissoras das ilhas. E com efeito as uvas vinícolas não tiveram nenhuma importância em Marlborough até que as barreiras tarifárias aos investimentos fossem abolidas e a internacionalização do vinho neozelandês ganhasse força.

Escorados no financiamento da empresa canadense de bebidas Seagram's, Ivan Yukich e seu filho Frankie plantaram o vinhedo de Brancott Estate, e com a ajuda de muita gente, o Sauvignon Blanc de Marlborough logo faria sucesso no mercado britânico e depois em outros. Embora o vinho na Nova Zelândia esteja longe de se limitar ao Pinot Noir e ao Sauvignon Blanc, a forte reputação desses dois é que define o vinho nacional nos mercados globais hoje em dia.

A Vinícola Montana, da família Yukich, viria a ser comprada pela multinacional francesa de bebidas Pernod Ricard, que hoje comercializa esses vinhos no mundo inteiro. A marca Montana foi mudada para Brancott Estate no mercado dos EUA (para contornar a suposição de que os vinhos pudessem vir do Estado norte-americano de Montana!) e afinal o nome da companhia também mudou para Brancott Estate, em homenagem ao famoso vinhedo. Boa parte da indústria vinícola da Nova Zelândia está atualmente em mãos multinacionais. O Cloudy Bay, por exemplo, faz parte do grupo francês de artigos de luxo LVMH, e o Kim Crawford pertence à Constellation, a maior produtora de vinhos e cervejas dos EUA. Se Romeo Bragato estivesse vivo, talvez balançasse a cabeça: "Eu sabia que os vinhos seriam bons. Mas nunca imaginei isto!"

O CHILE E O QUE PERDURA

Da Nova Zelândia ao Chile — é um bocado de mar — são cerca de 9.000 quilômetros, muito mais que o percurso da Tasmânia a Marlborough. O Chile e a Nova Zelândia não estão longe um do outro apenas na distância física, mas também na escala de produção vinícola. O Chile é o sexto maior produtor de vinho em volume, depois dos Três Grandes (Itália, França e Espanha), dos Estados Unidos e da Argentina.[3] A produção anual do país é mais de cinco vezes maior que a da Nova Zelândia.

Mas os dois países têm algumas coisas em comum. Ambos são faixas estreitas de terra se estendendo de norte a sul, ao longo das latitudes convencionais dos cinturões vinícolas. E ambos podem ser considerados países isolados. A Nova Zelândia porque suas ilhas estão muito distantes de qualquer outro território. E o Chile por ser, em termos funcionais, uma ilha, isolado entre o Oceano Pacífico a oeste e a Cordilheira dos Andes a leste. Esse isolamento, ao mesmo tempo que representou um desafio para a indústria vinícola chilena (exatamente como no caso dos neozelandeses), foi uma verdadeira bênção na época em que a filoxera devastava o mundo do vinho.

O vinho foi trazido ao Chile pelos padres e missionários espanhóis muito antes (1554) dos missionários ingleses e franceses chegarem com videiras à Nova Zelândia. Uma indústria vinícola local acabou se desenvolvendo, à parte do uso religioso, e alcançou tal sucesso por volta do século 17, o que se transformou num problema. Os produtores da Espanha viram seu lucrativo mercado de exportação ser solapado pela produção local nas colônias do Novo Mundo e convenceram o rei a proibir novas plantações no México, no Chile e em outros territórios, para estimular a venda dos vinhos espanhóis.

A moderna indústria vinícola chilena firmou-se depois da independência, e na década de 1850 já se plantara uma grande variedade de uvas antes do aparecimento da filoxera, complementando as trazidas pelos missionários três séculos antes. Foi um momento decisivo, pois poucos anos depois a filoxera se espraiou pelo mundo (Bragato a encontrou perto de Auckland, no levantamento que fez na Nova Zelândia). Mesmo passados todos esses anos, contudo, a praga até hoje não invadiu os vinhedos chilenos, onde podemos nos deparar com esta raridade: videiras de *Vitis vinifera* crescendo nos próprios rizomas. Os vinhos chilenos encontraram mercados à sua espera na Europa e em outros continentes, na época sombria em que a filoxera limitava a produção em outras regiões, e foram bem recebidos, muito cedo estabelecendo no Chile um padrão de indústria vinícola voltada para a exportação. A indústria passou por muitos altos e baixos, enfrentando dificuldades em particular durante a ditadura de Pinochet, quando a reputação do país caiu a níveis baixíssimos no mundo inteiro. Isso mudou, contudo, com o restabelecimento da democracia, e, como no caso da Nova Zelândia, a adoção de políticas de livre mercado que estimularam investimentos internos e o crescimento externo, com as exportações.[4]

Hoje, o vinho no Chile é dominado por quatro grandes empresas, a maior delas fundada por Don Melchor Concha y Toro, em 1883 (auge da epidemia de filoxera na Europa). A Viña Concha y Toro é atualmente a maior produtora de vinhos da América Latina e uma das maiores proprietárias de vinhedos do mundo. Em 2014 e 2015, Concha y Toro foi considerada "A Mais Pujante Marca de Vinhos do Mundo".[5] A maioria dos consumidores provavelmente conhece a marca Casillero del Diablo, mas a Concha y Toro produz uma incrível variedade de vinhos, da tradicional marca Pais, da produtora Frontera (com a uva Mission), a esse verdadeiro ícone entre os mais refinados que é o Don Melchor Cabernet Sauvignon.

Muitos consumidores que bebem da Adega do Diabo (Casillero del Diablo) provavelmente não sabem da preocupação dos produtores do Concha y Toro com a sustentabilidade, abrangendo produção orgânica e até biodinâmica. Foi esta a ideia por trás do lançamento, em 1993, da vinícola Cono Sur, projeto que vem crescendo extraordinariamente. Esses vinhos, como os do famoso "rótulo da bicicleta", com preços estabelecidos pelo valor que se estima ser atribuído a eles pelo consumidor (*value-priced*), têm ampla distribuição, estendendo-se o portfólio até a linha "20 Barrels", de produção limitada, e o Ocio, um icônico Pinot Noir. A Concha y Toro continua crescendo, com investimentos na Argentina, parcerias com os Rothschild da França e, em 2011, a aquisição das vinícolas norte-americanas Fetzer e Bonterra, conhecidas por seus métodos sustentáveis.

O Chile acrescenta uma nota interessante à nossa melodia do Cruzeiro do Sul, por partir de uma saga de amor, perda e renovação como a da Nova Zelândia e acrescentar uma complicada história de resistência. Muitas coisas perduraram no vinho chileno, especialmente as videiras pré-filoxera, que hoje representam uma importante riqueza genética. O fato de a variedade Carmenère ter resistido no país é duplamente importante, pois essa uva Bordeaux não foi amplamente replantada na França depois dos surtos de filoxera, por render safras pequenas. E, como se sabe, a cultura vinícola também resistiu às oscilações políticas e ao regime totalitário, ressurgindo com redobrado vigor na era democrática.

Mas... nem tudo que perdurou foi uma dádiva. Embora consumidores do mundo inteiro apreciem o fato de os vinhos do Chile serem bons e de preço justo, sei que muitos produtores chilenos consideram que seus melhores vinhos são ignorados ou talvez apenas subestimados, pois os consumidores continuam pensando nos vinhos chilenos apenas como vinhos de excelente preço, e não como grandes vinhos. Os vinhos parecem melhorar a cada ano, mas os estereótipos levam tempo para ceder. A reputação vinícola do Chile é uma obra em andamento.

Embora nossa visita ao Chile tenha sido brevíssima, precisamos conseguir um avião para sobrevoar os Andes. A viagem de carro de Santiago a Mendoza, na Argentina, não é muito longa, mas as estradas cheias de caminhões pela montanha me intimidam um pouco. A Argentina é o verso final da nossa canção do Cruzeiro do Sul.

EXPANSÃO E RETRAÇÃO ECONÔMICA

O Malbec é a grande estrela na Argentina — a uva tinta mais plantada e a variedade de vinho que é a marca registrada do país. Talvez não seja o melhor vinho argentino — tenho amigos que juram preferir o Cabernet Sauvignon ou outras castas, e houve períodos em que os vinhos Malbec foram deixados de lado em favor de outras uvas —, mas quando comecei a estudar o panorama argentino há mais de dez anos, o grande lance era a incrível ascensão do Malbec.[6] Durante algum tempo, a Argentina ficava atrás apenas da Nova Zelândia em matéria de crescimento no mercado norte-americano, por exemplo. Dez anos depois, o país ainda é uma história de sucesso, porém não mais num diapasão fenomenal, como foi em certa altura. O que aconteceu com o boom vinícola na Argentina? E será que a indústria do país poderá recuperar a mesma dinâmica?

Essas questões em torno da indústria vinícola argentina fazem eco a preocupações a respeito do próprio país ao longo dos anos. Se voltarmos no tempo um pouco mais de cem anos, encontraremos um país em magnífico crescimento, com base nas exportações de seus recursos naturais. Por incrível que pareça, os argentinos tinham a média mais elevada de riqueza per capita do mundo, de acordo com um levantamento, e era comum dizer-se que alguém era "rico como um argentino". Buenos Aires era "a Paris do Sul" e nós vimos pelo menos um prédio que era literalmente parisiense: tinha sido desmontado pedra por pedra em Paris para ser reconstruído aqui. Mas a expansão se transformou em retração, um tipo de ciclo (*boom and bust*) que sempre acontece, e a Argentina não foi capaz de alcançar seu evidente potencial.

O recente boom do vinho tem muitas causas. Talvez a mais importante seja a crise da moeda argentina do início da década de 2000. O colapso do peso e a abertura da economia aos investimentos estrangeiros foi uma dolorosa transição para o povo da Argentina, mas restabeleceu a competitividade internacional e estimulou investimentos estrangeiros, ambos fundamentais para a recuperação da indústria vinícola.

Como acontece em muitos países europeus, o consumo de vinho na Argentina vem declinando acentuadamente a longo prazo, e a crise do peso agravou a situação no mercado interno, dominado pelos vinhos baratos de garrafão. Como fica evidente nos livros *Vinho argentino*, de Laura Catena, e *The Vineyard at the End of the World*, de Ian Mount, aos produtores argentinos restou apenas a alternativa de se concentrar nos mercados de exportação para crescer, o que significava investimentos consideráveis para melhorar a qualidade. O principal objetivo era o mercado norte-americano, estratégia diferente da adotada pelo Chile, que cultivou oportunidades mais diversificadas de exportação.[7]

A campanha de exportações com ênfase nos Estados Unidos foi eficaz por vários motivos. Em primeiro lugar, os vinhos representavam uma boa aquisição em termos da relação custo/benefício, com a qualidade aumentando rapidamente. O mercado vinícola crescia nos EUA e os consumidores se interessavam menos pelo Merlot e logo também pelo Syrah, abrindo caminho para as características mais acessíveis ao paladar do Malbec (um vinho fácil de beber). Algumas das marcas mais importantes construíram parcerias exitosas na distribuição, o que lhes permitiu levar a Argentina a esse mercado e estabelecer firmemente a categoria. A Catena, por exemplo, fez sociedade com a Gallo, transformando o Alamos em líder de mercado. Não surpreende, assim, que as exportações argentinas crescessem exponencialmente, ano após ano. Na época, a única dúvida era se a demanda continuaria aumentando e, em caso positivo, se a Argentina teria cacife para produzir todo o Malbec buscado pelos sedentos compradores.

E aí? Bem, o boom não esvaziou completamente, como muitos temiam, mas o crescimento das exportações argentinas cessou. A mim parece que a maior dificuldade das exportações argentinas nos últimos anos está na oferta, e não na demanda. A política econômica do governo da Presidenta Cristina Kirchner elevou a inflação, que por sua vez elevou os salários, assim aumentando também os custos da produção vinícola. Simultaneamente, a taxa de câmbio foi congelada num nível artificialmente alto, o que reduziu as margens de lucro. Os controles de capital agravaram o problema, dificultando a importação de tecnologias e suprimentos vinícolas. O aperto decorrente da combinação inflação/taxa de câmbio foi particularmente duro no caso das exportações de vinhos de boa relação custo/benefício, que foram fundamentais para o sucesso inicial da Argentina. Era praticamente impossível lucrar com exportações do Malbec argentino a preços de menos de dez dólares no varejo, e assim muitos desses vinhos simplesmente desapareceram (algumas empresas mais corajosas integraram as perdas de curto prazo para manter as posições de mercado no futuro).

O país mudou de direção em dezembro de 2015, quando Mauricio Macri foi eleito presidente, prometendo acabar com as políticas que enfraqueciam a economia, especialmente no caso de indústrias de exportação como a do vinho. Mas alguns amigos na Argentina me dizem que não esperam nenhum milagre a curto prazo. Querem apenas que a Argentina seja "um país normal", como dizem, em termos políticos e econômicos. Se a "normalização" funcionar, teremos de volta o boom de exportações dos vinhos argentinos? Talvez, mas os tempos são outros e o simples fato de ajustar as alavancas macroeconômicas não permitirá voltar no tempo. A Argentina vai voltar, isto é certo, mas levará algum tempo para se sentirem os efeitos da situação cambial e de outros fatores.

O melhor que o país pode esperar — e de fato é uma boa coisa — é ser um "país normal" quando se trata do mercado vinícola dos Estados Unidos. Quero dizer com isso que as exportações sejam pautadas por fatores normais, não ficando sujeitas a booms ou crises. Ser um país normal significa resistir à tentação de definir a Argentina exclusivamente como Malbeclândia. Sei que é forte a tentação de adotar determinada uva como "variedade característica" de uma região, mas não considero que seja o melhor caminho para a indústria. A Argentina tem o Malbec, o que é ótimo. Mas antes que o crescimento começasse a perder impulso, os produtores argentinos inteligentes já tentavam acrescentar novas dimensões ao seu espaço mercadológico. O *terroir* é uma dimensão óbvia, e ainda mais importante do que alguns anos atrás, para sinalizar qualidade e autenticidade. Creio que hoje muitos consumidores se interessam pela região — Vale de Uco (Mendoza)? Salta? — e especialmente a altitude (o Malbec parece desenvolver-se de maneiras diferentes, na Argentina, conforme a altitude) como indicadores de qualidade.

Outra maneira de acrescentar novas dimensões é explorar variedades diferentes. São tantos os vinhos que funcionam bem na Argentina à parte a Malbec (a casta tinta típica) e a Torrontés (a casta branca típica), as uvas "oficiais"... Gosto muito da Sémillon da Mendel (seus vinhedos, nos quais nunca foram feitos enxertos, têm setenta e cinco anos de idade), por exemplo, e recentemente surpreendemos um amigo que gosta de Syrah, num restaurante argentino, ao pedir um de uvas cultivadas em maior altitude no Vale de Uco. Ele adorou, mas jamais teria pensado em pedir um Syrah argentino. Estamos numa época de descobertas para o vinho e a Argentina tem muito a descobrir, tanto nos *terroirs* Malbec como além dele. É o tipo de estratégia que os "países normais" adotam hoje em dia com vistas ao mercado vinícola dos Estados Unidos.

A seleção argentina de futebol demonstrou algumas vezes que grandes jogadores e grandes ideias podem dar em algo decepcionante. Mas eu sou otimista e tenho a esperança de que o setor vinícola recobrará sua melhor dinâmica e de que ela dure, ao mesmo tempo evitando os ciclos de expansão e retração do passado. Nesse sentido, acrescento mais três vinhos a nossa crescente lista, o Nicolás Catena Zapata Cabernet Sauvignon-Malbec, o Old Vine Sémillon, da Mendel Wines, e o Colomé Auténtico Malbec, de vinhas cultivadas a quase 2.500 metros de altitude, no norte de Salta. Catena e seus colegas se esforçaram para alcançar maior qualidade, a equipe da Mendel se certificou de que as velhas videiras pudessem perdurar, enquanto também se empenhava pela qualidade. O Colomé Auténtico Malbec é propositalmente produzido num estilo antigo — nada de carvalho, muito tempo de imersão — que ao mesmo tempo homenageia o passado e abre novas perspectivas de mercado.

Espero um dia visitar Salta — certamente está na minha lista — e brindar à vida, às perdas e ao amor que fazem parte da história do vinho (e da resposta àquela pergunta: "por que vinho?"), assim como às coisas que perduram. Bem lá nas alturas dos Andes, imagino que as estrelas do Cruzeiro do Sul estejam mais brilhantes que nunca.

Os Vinhos

Quartz Reef Pinot Noir, Otago Central, Nova Zelândia

Brancott Estate Sauvignon Blanc, Marlborough, Nova Zelândia

Concha y Toro Casillero del Diablo Carmenère, Chile

Nicolás Catena Zapata Cabernet Sauvignon-Malbec, Mendoza, Argentina

Mendel Wines Sémillon, Mendoza, Argentina

Colomé Auténtico Malbec, Salta, Argentina

Parte IV

UVAS AMARGAS?

Capítulo 13

O Trem do Vinho do Napa Valley

Eram sete da manhã quando Phileas Fogg, Passepartout e Aouda desembarcaram do navio a vapor, pisando num cais flutuante que levava a um píer ligado ao litoral de São Francisco, Califórnia. Apressaram-se para o café da manhã e foram logo carimbar os passaportes na embaixada britânica. Tinham de pegar o trem às seis horas naquela mesma tarde. A locomotiva da Central Pacific os levaria da estação de Oakland a Ogden, no Estado de Utah, onde fariam baldeação para um trem da Union Pacific em direção a Omaha, Nebraska, lá escolhendo a mais rápida das cinco possíveis linhas em direção a Nova York e mais uma viagem de navio a vapor, dessa vez para Londres.

Poupar tempo era essencial, e por isso a prometida eficiência do sistema ferroviário americano vinha mesmo a calhar. Se tudo desse certo (o que — atenção, spoiler! — não aconteceria), esse longo trecho da viagem seria concluído em apenas sete dias. Incrível! Mas o Oeste ainda era um faroeste em 1872, e Passepartout achou prudente comprar "algumas dúzias de fuzis Enfield e revólveres Colt", só para o caso de caírem numa enrascada. Desnecessário, retrucou Fogg, mas faça o que achar melhor.

PERCORRENDO OS TRILHOS VINÍCOLAS

Também estamos em São Francisco para pegar um trem, mas a nossa viagem é bem mais curta (umas poucas horas no máximo), a nossa direção é diferente (de norte para leste), e a arma escolhida será um saca-rolha, e não uma arma de fogo, sequer uma faca (embora esta possa vir ao caso se quisermos fatiar um salame ou um pedaço de queijo). Vamos pegar o Trem do Vinho rumo ao Napa Valley, para tentar entender o cenário vinícola da Califórnia.

A primeira vinícola do Napa, a Charles Krug, foi fundada em 1861, e o transporte ferroviário só seria inaugurado três anos depois.[1] Uma barca procedente de São Francisco trazia os passageiros a Vallejo, de onde eles prosseguiam para o norte de trem, até a cidade de veraneio de Calistoga. Desde o início, o turismo era uma parte importante do objetivo dessa linha. Os trens de passageiros circularam até 1929 e os de carga, até 1985, quando cessaram praticamente as operações comerciais normais.

É quando entra em cena o empreendedor Vincent DeDomenico, que causou sensação como presidente da companhia Golden Grain, famosa na região por um arroz pilaf com aletria chamado Rice-a-Roni ("a delícia de São Francisco", segundo o próprio jingle publicitário). Parte do dinheiro que DeDomenico recebeu em 1986 pela venda da Golden Grain e da Ghirardelli Chocolate à companhia Quaker Oats financiou a criação da Ferrovia do Napa Valley, que adquiriu os direitos de uso dos trilhos e anunciou planos de um Trem do Vinho para levar turistas de São Francisco ao Vale novamente. Só que dessa vez eles visitariam as famosas vinícolas da região, em vez de se banhar nas águas de Calistoga.

Caberia supor que os moradores do Napa recebessem de braços abertos o novo empreendimento, com a homenagem que prestava à história do Vale, sem falar na curiosidade de viajar na antiquada locomotiva, os típicos vagões Pullman e todo o potencial em dólares do turismo. Mas não foi o caso. Pelo contrário, eles empunharam armas contra o plano (armas figuradas, por favor: guarda aí esse Enfield!). Mais barulho, mais turistas, mais congestionamentos... Aqui no meu quintal, não! Só que a iniciativa foi oficialmente aprovada e o polêmico Trem do Vinho começou a circular. No momento em que escrevo, leva mais de cem mil passageiros ao Napa por ano.

Em 2015, a família DeDomenico vendeu a empresa que opera o Trem do Vinho a um grupo de hotelaria de Seattle, que expandiu o serviço com um tour de seis horas chamado Quattro Vini, contemplando paradas nas vinícolas Robert Mondavi, Charles Krug, Merryvale e V. Sattui, além de uma experiência de degustação de três pratos no percurso. Os bilhetes mais baratos custam US$ 249 por pessoa. Dentre as outras ofertas estão a visita a vinícolas específicas (Raymond ou Grgich Hills, por exemplo) e a própria experiência do trem antigo. Os bilhetes mais baratos para o tour Raymond, com direito a almoço e degustações, custam US$ 189. Uma excursão mensal chamada Romance nos Trilhos aparentemente não para em lugar nenhum, mas oferece um passeio romântico, cenários em desfile e uma refeição gourmet. Bilhetes a partir de US$ 234.[2]

TURISMO VINÍCOLA AO ESTILO NAPA

O que traz turistas ao Napa Valley hoje em dia? Bem, no sentido literal eles são trazidos por trens, carros e às vezes até balões, mas o que os atrai é algo diferente. Houve época em que as pessoas visitavam vinícolas para comprar vinhos e levar para casa — mais *shopping* que *touring*. O que ainda é o caso em muitas partes do mundo do vinho. Mas quem vem a Napa quer algo mais. Quer uma experiência (e geralmente consegue).

Considero que Robert Mondavi leva parte do crédito por essa transformação. Costumo chamá-lo de "a Julia Child do vinho". Julia Child★ valeu-se dos meios de comunicação de massa da sua época para nos ensinar que a comida era uma experiência, não apenas algo para ser feito e ingerido. Ela nos entretinha e nos intrigava, despertando em nós o desejo de explorar um estilo de vida cosmopolita por meio da culinária. Mondavi percebeu que o vinho não podia ser apenas uma bebida alcoólica, para de fato se disseminar nos Estados Unidos que havia passado pela Lei Seca. Tinha de ser associado a romance, cultura, história, música, culinária e um estilo de vida sofisticado, e assim ele construiu uma vinícola que parecia menos uma fábrica e mais uma *hacienda*

★ Professora e autora de livros de culinária (1912-2004) que ficou famosa com programas de TV nos quais familiarizou o público dos Estados Unidos com a cozinha francesa. É o personagem central do filme *Julie & Julia*, de 2009, com Meryl Streep. (N.T.)

californiana, com uma programação de concertos, jantares, tours e sessões de degustação. A Robert Mondavi não era apenas uma vinícola, era (e é) um destino turístico, e os visitantes saem como embaixadores das marcas Mondavi e Napa. Nunca encontrei ninguém que tivesse alguma reclamação de uma visita à Mondavi. Robert Mondavi e sua equipe não estavam sozinhos nesse ideal, mas certamente abriram caminho.

A família Mondavi não está mais no controle da Robert Mondavi Winery (que hoje é uma das marcas da Constellation Brands), mas podemos ter uma ideia da evolução do projeto visitando a *hacienda* Mondavi. A arquitetura inconfundível ainda está presente, claro, assim como o famoso vinhedo To Kalon e a calorosa recepção sempre reservada aos convidados. Como parte da filosofia Mondavi, é mantido um constante calendário de concertos e exposições de arte. As visitas individuais não programadas permitem degustar vinhos (com tarifas que vão de US$ 5 a US$ 30 por pessoa, dependendo dos vinhos), ou então é possível percorrer as instalações em pequenos grupos. Uma visita de meia hora com direito a degustar dois vinhos custa US$ 20 e um tour de noventa minutos com guia está disponível por US$ 35, mas há outras opções que vão até a visita de noventa minutos na hora do crepúsculo (o vinhedo é uma linda paisagem ao pôr do sol), com degustação especial de vinhos e saborosos aperitivos a US$ 55.

Também se pode optar pela oportunidade de aprender a harmonizar os vinhos Mondavi com chocolate ou queijo (US$ 45 por sessenta a noventa minutos) ou passar uma hora degustando e saboreando no salão de barris do To Kalon por US$ 55. A visita com almoço chamada "Colheita da Alegria" leva duas horas e meia e custa US$ 115. Há o jantar "Do Jardim para a Mesa", que leva quatro horas ao preço de US$ 150 por pessoa, ou então, para aquela ocasião especial, o jantar "Cinco Décadas", com menu degustação incluindo vinhos de cada uma das décadas de história da vinícola. Está a seu dispor mediante agendamento especial, a US$ 350 por convidado. Tirar selfies na frente da vinícola é questão de honra, além de ser gratuito, claro.

A Robert Mondavi Winery de fato é um destino turístico e diariamente recebe muitos visitantes, sempre com organização, elegância e aparente facilidade. O enorme volume favorece uma especialização que não é possível para qualquer vinícola. Mas o nível de ponta alcançado aqui está voltado para o desenvolvimento de experiências de turismo vinícola que vão muito além dos protocolos de bar de degustação cruelmente parodiados na cena do "balde de vinho" do filme *Entre umas e outras (Sideways)*, de 2004. As vinícolas querem que os visitantes desacelerem, "reinicializem", concentrem a atenção e se embebam da história do lugar. A degustação é parte do processo, mas nem sempre a mais importante, pois os gostos diferem muito e a maioria das pessoas não está acostumada a provar vários vinhos numa única sessão. Vinho é bom, mas vinho com uma história pode ser memorável.

Assim, a moderna vinícola de Napa burila delicadamente a experiência do visitante, desde a primeira impressão até a despedida na loja de lembranças. Certas vinícolas incumbem um profissional de puxar conversa informalmente com os convidados na porta da adega, para se informar de suas expectativas e encaminhá-los à experiência que corresponda a seus interesses, disponibilidade de tempo e orçamento. Tudo isso sai caro, o que explica certos preços relativamente altos dessas atividades, mas as tarifas também são usadas como ferramenta de distribuição de recursos, de tal maneira que os mais excêntricos sejam oferecidos aos clientes com maior interesse, ou pelo menos limites mais elevados no cartão de crédito. A maioria das vinícolas também oferece eventos "de bastidores", entre eles visitas aos vinhedos em dias de colheita, para os clientes, digamos, VIP, e membros de clubes de vinhos, além de varejistas, distribuidores e sommeliers em visita.

Uma delas, a V. Sattui (que faz parte do tour do Trem do Vinho), é conhecida no Vale por vender todo o seu vinho diretamente aos visitantes. A mais recente iniciativa da família é uma típica atividade de turismo vinícola. O Castello di Amorosa é um "castelo toscano do século 13 construído com critérios de autenticidade". Sem dúvida uma realização espetacular, embora também, convenhamos, algo extravagante. Não é certo que o Napa Valley precise de um castelo toscano do século 13 ou de qualquer tipo de castelo. Mas de todo modo não estamos falando da única destinação turística extravagante da região, e ela também serve de lembrete de que muitos moradores devem ter balançado a cabeça, descrentes, quando a *hacienda* Mondavi começou a sair do papel. Uma visita com guia seguida de sessão de degustação no castelo custa quarenta ou cinquenta dólares, dependendo dos vinhos, podendo ser enriquecida com degustação de queijos, chocolate, entre outras opções. O Castello di Amorosa é sempre muito bem cotado no aplicativo Yelp (no qual seus preços são considerados "moderados" pelos frequentadores do Vale) e no TripAdvisor está em primeiro lugar (de sessenta e cinco alternativas) entre as atividades a serem buscadas em Calistoga.

O que fazer, então, quando se tem mais de quatrocentas vinícolas numa região relativamente compacta e a maioria delas está envolvida em maior ou menor grau no negócio dos tours e da hospitalidade com degustação? O departamento de turismo local, Visit Napa Valley, encomendou, em 2014, um estudo sobre o impacto econômico do turismo vinícola, e eis o que foi constatado.[3]

Cerca de 3,3 milhões de visitantes vieram ao Napa Valley em 2014, segundo as estimativas, correspondendo a 5,4 milhões de dias-visita. O que deixa o Vale bem atrás da Disneylândia, em Anaheim, que é a maior atração turística da Califórnia, com 16,7 milhões de visitantes em 2014. Mas o Vale não fica tão atrás do Parque Nacional de Yosemite, que recebeu cerca de 4 milhões de visitantes nesse mesmo ano. São, em média, portanto, mais de quinze mil visitantes por dia em Napa, o que não deixa de alarmar um pouco, se levarmos em conta que a maioria estava bebendo ou pelo menos provando bebidas alcoólicas.

Em 2014, cerca de dois terços dos turistas em Napa chegaram e saíram no mesmo dia, como os passageiros do Trem do Vinho. Mais de 28 por cento ficaram em hotéis, motéis ou resorts no Vale, gerando, consequentemente, empregos e renda no setor hoteleiro. Esses turistas gastaram cerca de US$ 1,63 bilhão, dos quais US$ 375 milhões com restaurantes e alimentação. O estudo estima que assim foram mantidos mais de onze mil empregos, representando uma folha de pagamento de US$ 332 milhões. O turismo vinícola é um *big business*, disso não há dúvida, tanto para as vinícolas (como a Robert Mondavi) como para a região como um todo. O Napa Valley talvez seja o lugar mais bem-sucedido do mundo em termos de experiência turística no universo do vinho. Um paraíso para o amante do vinho. O que poderia dar errado?

PROBLEMAS NO PARAÍSO

As vinícolas e o turismo vinícola transformaram o Napa Valley no lugar superfamoso que é hoje. Mas quantas vinícolas (e turistas) são o bastante? Quando viajo a outros destinos vinícolas no mundo, as pessoas que encontro jamais imaginariam uma pergunta como essa. Vinícolas demais? Gente demais? Você só pode estar brincando. Pode mandar para cá esses entusiastas todos com seus dólares, euros, ienes e pesos. Quanto mais, melhor. Imagino que o Napa foi assim um dia, mas, como descobriram há vinte e cinco anos os criadores do Trem do Vinho do Napa Valley, esse tempo já passou. Hoje, cada proposta de construir mais uma vinícola, expandir uma já existente, autorizar mais visitantes (sim, o número de visitantes é regulamentado no Napa) ou promover mais eventos é questionada, examinada e debatida, às vezes encontrando ativa oposição.

Para mim, uma das maneiras de acompanhar esse debate é a leitura das instigantes colunas publicadas por Paul Franson no *Napa Valley Register*. Suas informações sobre reuniões de comitês e audiências de aprovação de regulamentações dão uma ideia bem visceral da tensão entre as muitas identidades e interesses em confronto em Napa, entre eles um grupo de militância chamado Napa Vision 2050.[4] O turismo e a indústria hoteleira (assim como as receitas que geram) são cotejados com o estilo de vida dos moradores e a identidade agrícola local, por exemplo, assim como o desenvolvimento econômico com as questões ambientais e de saúde. É uma situação complexa, com interesses arraigados de todos os lados. Quando lhe pediram que relacionasse os dez mais relevantes fatos locais ligados ao vinho em 2015, Franson pôs em primeiro lugar a seca recorde; em segundo, a colheita excepcionalmente pequena; e em terceiro as polêmicas em torno das questões vinícolas e de turismo. "O clamor da opinião pública levou a um intenso debate sobre as vinícolas e sua produção, os visitantes e eventos", escreveu. " [...] Mas nada ficou resolvido por enquanto. São poucos os que esperam mudanças radicais."[5] E assim, os ânimos continuarão acalorados e as tensões lentamente crescendo.

Não quero jogar lenha na fogueira (depois de alguns anos, finalmente consegui levar na boa a lentidão de cágado do trânsito nas estradas atulhadas de turistas da região), mas eu ainda enxergo mais um problema no grande sucesso turístico do Napa Valley. Vem tanta gente ao Vale para passar o dia, visitar os vinhedos e as vinícolas e saborear os vinhos que talvez acabem indo embora com uma impressão equivocada da realidade. Começam a achar que Napa é a Califórnia e que a Califórnia é o mundo do vinho. Todo ele. Perdem o senso de realidade: a Califórnia é um Estado grande onde a indústria vinícola se desenvolveu de formas variadas, muitas diferentes do padrão Napa, com questões e polêmicas muito diferentes também.

Um antídoto para essa síndrome do Napa, por exemplo, é visitar a região vinícola do Vale de Ramona, que fica nos contrafortes rochosos a cerca de uma hora de carro de San Diego. É uma região de paisagens deslumbrantes, muito procurada para a prática do tênis e da montaria. A culinária mexicana é excelente, como se poderia esperar, tão perto da fronteira, e a especialidade dos restaurantes locais é o filé de frango frito! Houve época de criação intensiva de perus, mas agora as atenções se voltam para as uvas e o vinho. Alguns dos que provamos eram excelentes e, portanto, há potencial, mas ninguém que encontramos reclamou de excesso de vinhedos, vinícolas ou turistas. Muito pelo contrário: que venham! Para a maioria das regiões vinícolas do mundo, a realidade pode ter mais a ver com Ramona do que com Napa nessas questões.

AS TAÇAS DAS MASSAS: O TRAGO DE DOIS TOSTÕES

Se considerarmos o vinho da Califórnia pelo valor em dólares da garrafa ou das toneladas de uvas, o Napa Valley estará sempre em primeiro lugar. Mas se estivermos interessados nos vinhos do povo, vinhos vendidos em grandes volumes que enchem as taças das massas, teremos de ir em outras direções e, ao chegar, não encontraremos muitos turistas por perto. As vinícolas são grandes e têm um aspecto industrial em comparação com as *haciendas* e os *châteaux*-butiques de Napa. E os vinhedos, que em grande parte se concentram no Vale de San Joaquin, também dão uma impressão muito maior de autenticidade agrícola. Turistas do vinho? Não, as pessoas vêm até aqui em viagens de negócios.

O que não significa que um visitante não possa ter uma experiência vinícola interessante. Sue e eu nos divertimos muito ao aceitar um convite de Fred Franzia, diretor da Bronco Wines e conhecido como Sr. "Trago de Dois Tostões" (*Two-Buck Chuck*), para visitar as instalações de produção em Ceres, na Califórnia. Se algum trem do vinho passa por Ceres, aposto que estará carregando vinho, e não turistas.

A Bronco Wine Company é um nome forte na indústria vinícola norte-americana. Segundo informações do *Wine Business Monthly*, seu volume anual de produção, de 20 milhões de caixas, significa que é a quarta maior empresa vinícola dos Estados Unidos, atrás da Gallo, do The Wine Group e da Constellation Brands. Embora os vinhos Charles Shaw (também conhecidos como Two-Buck Chuck) sejam o rótulo mais conhecido da Bronco, a companhia tem mais de cinquenta marcas. Um dos produtos que não fazem parte do mostruário da Bronco é o Franzia, o popular vinho de caixa, que pertence ao The Wine Group. Mas então Fred Franzia não faz o Franzia? É uma longa história, que contarei em outra oportunidade.

A história da Bronco começou em 1973, quando Fred Franzia e seu irmão Joseph se reuniram com o primo John e decidiram apostar tudo em uma nova empresa vinícola. Escorados num minúsculo empréstimo bancário, em seu conhecimento dos aspectos empresariais da empreitada (Fred e Joseph) e da produção vinícola (John), e numa forte dose de determinação, puseram-se em marcha no tortuoso caminho que os trouxe à atual posição. E é uma realização de tirar o fôlego, pensando bem. Hoje, a Bronco ostenta impressionantes instalações de produção, um centro de embalagem e distribuição em Napa e cerca de dezesseis mil hectares de vinhedos. Não, não me equivoquei: são realmente dezesseis mil, o que faz da Bronco uma das maiores proprietárias de vinhedos do mundo.

Uma das maiores realizações da companhia é o sucesso dos vinhos Charles Shaw vendidos nas lojas Trader Joe's. Apesar da distribuição limitada, esse vinho se transformou num fenômeno e, em 2016, Fred Franzia anunciou a venda da bilionésima garrafa, o que levou Paul Franson a fazer as contas (1.000.000.000 × \$ 2) e conferir-lhe o título de Two-Billion-Buck Chuck.[6] Os vinhos já não custam mais dois dólares, mas a preços como US\$ 2.49, US\$ 2.99 ou um pouco mais ainda oferecem uma espetacular relação custo/benefício. Foi uma verdadeira sensação quando, alguns anos atrás, o vinho Charles Shaw de 2005 ganhou o prêmio de "Melhor Chardonnay" num teste de degustação às cegas no importante Concurso da Feira do Estado da Califórnia. E se o vinho fosse uma fraude, questionaram alguns? O veterano vinhateiro Richard Peterson comprou alguns para tentar descobrir e concluiu que o que explicava a premiação era o delicado equilíbrio obtido num vinho tão barato. Num ambiente de vinhos *cult* forçando a barra em todas as direções, explicou, um vinho realmente bem balanceado se destaca, como aparentemente aconteceu.[7]

Esses vinhos limpos, balanceados e acessíveis desempenharam um papel importante na democratização do vinho nos Estados Unidos. Muitos consumidores que até então se sentiam intimidados foram atraídos para o mercado vinícola pelo Two-Buck Chuck e outros que ele inspirou ou cujo surgimento provocou. A qualidade desses vinhos baratos obrigou outros produtores a apostar mais alto e oferecer melhor relação custo/benefício, o que por sua vez infundiu mais confiança nos consumidores e expandiu o alcance do mercado vinícola. Se pensarmos no mercado vinícola norte-americano antes de 1973, realmente pode ser considerado um milagre que tenhamos chegado aqui. E os Franzia desempenharam papel importantíssimo nessa transformação.

Fred nos convidou a ver como funciona uma colheita de uvas em larga escala. Seu filho Joey nos levou para assistir a uma colheita noturna no vinhedo de um rancho de mil e seiscentos hectares perto de Lodi — uma experiência e tanto ver aquelas enormes máquinas em ação sob um céu estrelado. Também visitamos o centro de engarrafamento e distribuição de Napa e a vinícola central em Ceres, onde almoçamos com Fred, Joseph e John Franzia. Em seguida, John nos guiou pela vinícola em funcionamento (ele a concebeu e supervisionou a construção) durante a chegada das uvas colhidas na noite anterior (mais de trezentos enormes caminhões por dia nessa época).

A escala de toda a operação em Ceres chamou nossa atenção, claro. Vimos tanques contendo cada um 1.300.000 litros de vinho aproximadamente. E por enormes que fossem, eram pequenos ao lado de outros com capacidade ainda maior. Incrível. Quando nos acostumamos ao tamanho da vinícola Bronco, começamos a prestar atenção ao extraordinário cuidado com os detalhes, evidente em todas as demais operações da Bronco que visitamos. Tantas partes em funcionamento simultâneo sendo coordenadas de maneira tão eficiente. Realmente impressionante. Apreciamos muito a oportunidade de sentar e conversar com Fred em seu modesto escritório num trailer e tomar conhecimento de sua visão do futuro. A Bronco está muito focada na produção orgânica e sustentável do ponto de vista ambiental, por exemplo, e na época estava em pleno processo de conversão dos vinhedos em plantações orgânicas, numa área de quatro mil hectares.

Fred contou-nos muitas histórias, e aqui vai a minha favorita. Ele visitava uma loja da rede de supermercados Trader Joe's — ainda hoje é o responsável por essa conta — e puxou conversa com um rapaz que abastecia uma vitrine dos vinhos Charles Shaw. Fred perguntou como andava o desempenho desse vinho, o que os clientes comentavam e assim por diante, e o funcionário por sua vez perguntou quem era ele e por que fazia as perguntas. É porque eu sou uma das pessoas que contribuem para fazer esse vinho: trabalho na vinícola, respondeu Fred.

Uau!, exclamou o funcionário. Você é o Charles Shaw? *Você é o Charles Shaw!* Não, não, não me chamo Shaw, tentou explicar Fred, mas já era tarde e um minuto depois os alto-falantes anunciavam que Charles Shaw estava visitando o corredor de vinhos. Clientes eufóricos acorreram à vitrine do Two-Buck Chuck para agradecer ao herói e Fred passou o resto da visita alegremente autografando garrafas de vinho. Seu dia de estrelato!

A colheita noturna em Lodi e a visita às instalações em Ceres, com seus tanques gigantescos e escritórios minúsculos, não são sequer mencionadas ou cotadas no Yelp nem no TripAdvisor, até onde eu sei. Não foram oferecidas sessões de degustação nem se cobrou nenhuma tarifa por isso. Ninguém tentou nos convencer a comprar vinhos top nem a harmonizar com chocolate ou queijo, embora Fred de fato tenha nos levado para almoçar numa lanchonete à beira da estrada, onde comi o melhor sanduíche de maminha da minha vida.

O QUE É O VINHO DA CALIFÓRNIA?

O que é, então, o vinho da Califórnia? Seria a Disneylândia de Napa, cheia de turistas, como pode acontecer durante o famoso Leilão do Napa Valley, que rende milhões de dólares para obras de caridade? Seria o charme tranquilo e rústico do Vale de Ramona? Ou a agricultura e produção de vinhos em larga escala que vimos em Bronco? A resposta, você já deve ter adivinhado, são todas essas coisas e muito mais. Quem participa da experiência do Trem do Vinho do Napa Valley fica com uma ideia viesada do vinho da Califórnia, mas uma ideia que jamais seria capaz de encher as taças das massas.

Que vinhos devemos escolher então? Há na Califórnia mais de quatro mil vinícolas, de modo que podemos apenas enxergar a ponta do iceberg. Começamos com a Two-Buck Chuck, por ser uma marca que contribuiu para o milagre da atual posição dos Estados Unidos entre os países consumidores de vinho: o Número 1 em compras (pelo menos até ser alcançado pelos chineses, fato que um dia se dará). Depois, claro, um vinho da Robert Mondavi — vou escolher o To Kalon Fumé Blanc.

Escrevi o primeiro rascunho deste capítulo no dia 24 de maio, aniversário do "Julgamento de Paris", a famosa degustação de 1976 em que os vinhos da Califórnia comprovaram sua qualidade em testes às cegas frente aos grandes vinhos franceses. Permita-me, por obséquio, incluir um Cabernet Sauvignon da Stag's Leap Wine Cellars em nossa caixa ambulante, para honrar o vinho sagrado campeão dos tintos nesse dia histórico.[8]

Os Vinhos
Charles Shaw Chardonnay, Califórnia, EUA
Robert Mondavi To Kalon Fumé Blanc, Napa Valley, Califórnia, EUA
Stag's Leap Wine Cellars Cabernet Sauvignon, Napa Valley, Califórnia, EUA

Capítulo 14

Um Encontro dos Riesling

Do Napa Valley é possível seguir para o norte por dois caminhos. A Highway 101 é o mais convidativo, permitindo admirar florestas de sequoias, o estonteante Lago Crater e as lindas praias do Oregon, mas o percurso pode ser lento, como muitas vezes acontece em estradas deslumbrantes assim. A Interstate 5 não tem nada de romântica, mas é bem eficiente. Seja como for, o que você quer é chegar perto do coração da região vinícola do Vale de Willamette, em McMinnville, Oregon, onde o Linfield College abriga, todo mês de julho, a Celebração Internacional do Pinot Noir (IPNC, na sigla em inglês).

O mundo do vinho está cheio de festivais, conferências e simpósios dos mais variados tipos. Alguns são criados pura e simplesmente para os consumidores, com dezenas de produtores vertendo centenas dos seus vinhos para convidados que pagaram pelo direito a uma taça sem fundo e muitos aperitivos deliciosos. Outros encontros se destinam ao comércio e à indústria. Eu, por exemplo, falo com frequência no Simpósio Unificado do Vinho & da Uva em Sacramento, Califórnia. Mais de quatorze mil pessoas da indústria vinícola compram entrada para três dias de seminários (alguns em inglês e espanhol) e para ter acesso à gigantesca exposição do ramo. É a maior reunião da indústria vinícola do Hemisfério Ocidental, e posso garantir que só se fala de negócios. Ninguém vai ao Simpósio Unificado só para cheirar, girar a taça e degustar.

A IPNC, como ficou conhecida a celebração do Pinot Noir, é uma combinação desses dois modelos. Excelente comida e vinhos maravilhosos (quase todos Pinot Noir, como se poderia esperar pelo nome, tanto tranquilos como espumantes), com jantares de gala e grandiosas sessões de degustação. O salmão do jantar dos sábados em estilo churrasco, no gramado sob os portentosos carvalhos, tendo por cima as estrelas e a lua, é uma experiência e tanto, especialmente com um produtor de vinho fazendo as honras em cada mesa. Não surpreende que os entusiastas do Pinot Noir voltem todo santo ano. Mas nos bastidores não faltam networking e negócios. Boa diversão e excelentes contratos.

O melhor de eventos como o festival Pinot é que não precisamos viajar pelo mundo para saborear os vinhos do mundo e conhecer o povo do vinho. Eles vêm até nós. A IPNC de 2016 atraiu vinícolas do Oregon, Califórnia, Washington, Michigan e Virgínia, além de Canadá, França (naturalmente), Argentina, Austrália e Nova Zelândia. Não chega a ser o mundo completo do Pinot — já provei belos vinhos do Chile, Itália e África do Sul, por exemplo, e também há o Pinot Noir queniano de Richard Leakey —, mas é o suficiente para manter a audiência entretida num fim de semana prolongado de julho. O Grande Seminário (que é de fato grandioso) de 2016 ofereceu uma Master Class sobre o Pinot Noir australiano. O Master of Wine (MW) Michael Hill foi um dos oradores e o seu Tasmanian Tolpuddle Pinot, um dos vinhos em foco. Não é barato produzir eventos como a IPNC, nem frequentá-los, mas eles nos oferecem um leque de experiências que, se formos capazes de ir mais fundo que o puro hedonismo dos jantares e degustações, nos ajudam a entender algo sobre o panorama mundial do vinho e sua atual evolução.[1]

BEM-VINDO AO PLANETA RIESLING

Se planejar bem, você pode celebrar o Pinot Noir no Oregon e em seguida pegar a estrada para um encontro com o Planeta Riesling em Seattle, que é o nosso destino neste capítulo. O Riesling Rendezvous é promovido de três em três anos (a Alemanha e a Austrália realizam reuniões em torno do Riesling nos intervalos) e difere da IPNC sob muitos aspectos. Os vinhos são diferentes e a maioria dos frequentadores também, mas o mesmo pode ser dito sobre o foco. Sim, há a Grande Degustação no domingo, no magnífico Chateau Ste. Michelle (onde fica a vinícola), em Woodinville, mas os dois dias seguintes são decididamente voltados para os produtores, os meios de comunicação e o comércio. Os consumidores entusiastas são bem-vindos, mas a agenda é estritamente de negócios. Na edição de 2016, por exemplo, havia vinícolas de Washington, Oregon, Califórnia, Idaho, Michigan e Nova York, além de Alemanha (naturalmente), Austrália, Áustria, Canadá, França e Nova Zelândia. Os participantes dos setores comerciais e de mídia também vinham das mais diferentes latitudes.

O Riesling Rendezvous é promovido pela Chateau Ste. Michelle Winery do Estado de Washington, o maior produtor mundial de vinhos Riesling, e pelo Dr. Loosen, da Alemanha. Ernst Loosen, que eu admiro muito, talvez seja o divulgador do Riesling mais entusiástico e persistente e de maior visibilidade em todo o mundo. Não surpreende que um produtor do Vale do Mosel, na Alemanha, esteja por trás de um evento global como esse, mas a ligação com o Estado de Washington talvez pegue muita gente desprevenida. Washington? Mas não é frio e úmido? Nem é muito certo que seja possível cultivar uvas, quanto mais produzir vinho! Sim, eu sei, afinal vivo por aqui. Há até uma velha piada entre os produtores locais, quando falam do vinho de Washington com pessoas de outras partes do país, e de repente se faz um momento de silêncio e vem a inevitável pergunta: "Ah, sim, e os seus vinhedos ficam de que lado do Potomac?" Potomac? Claro, eles acham que estamos falando da outra Washington — a capital federal (Washington, D.C.), do outro lado do país!

O fato é que Seattle (terra da Boeing, Starbucks, Amazon e do grunge) fica na úmida parte ocidental do Estado, onde dominam sistemas atmosféricos oceânicos, mas a maioria dos vinhedos se encontra a leste da Cordilheira de Cascade, que suga toda a umidade das nuvens provenientes do Pacífico, gerando uma gigantesca área de escassa precipitação. O Vale de Colúmbia, assim, é uma região seca onde a agricultura prospera por causa da grande incidência solar e de um sistema de irrigação geralmente abundante. Toda uma variedade de fascinantes *terroirs* para os vinhedos foi descoberta aqui nos últimos cinquenta anos, à medida que era explorado o rico legado geológico da região, envolvendo rios, geleiras, vulcões e um fenômeno da Era Glacial conhecido como Grande Inundação de Missoula.

A Chateau Ste. Michelle teve um papel pioneiro no Estado de Washington logo depois da Lei Seca da década de 1920 e do início da década seguinte. Os grandes investimentos feitos nos vinhedos nos anos 1970 e 1980 contribuíram para promover um salto na indústria local, que, nos EUA, hoje perde apenas para a Califórnia. Desde cedo, Washington ficou conhecido pelos Riesling, e sua reputação internacional vem crescendo. Resultaram daí duas colaborações internacionais dignas de nota: Ernst Loosen produz em Washington uma linha de vinhos Riesling chamada Eroica, em parceria com a Chateau Ste. Michelle Winery, ao passo que Armin Diel, da produtora alemã Schlossgut Diel, também especializada no Riesling, produz um vinho chamado Poet's Leap, em colaboração com a vinícola Long Shadows, perto de Walla Walla. O Eroica e o Poet's Leap frequentam assiduamente as listas de melhores Riesling americanos e de melhores vinhos em geral. Não surpreende, assim, que produtores do mundo inteiro façam questão de aparecer por aqui para falar de negócios.

O QUE SE FAZ NUM ENCONTRO DE RIESLING?

O que acontece, então, num Riesling Rendezvous? Espero que você não se decepcione se eu disser que boa parte do tempo é passada bebendo (ou degustando ou cuspindo) Riesling. Todos os produtores trazem seus vinhos, e para muitos a oportunidade de provar marcas do mundo inteiro é tão importante quanto a soma de todos os oradores e seminários. Os vinicultores falam bastante sobre os riscos do "palato de adega", que se manifesta quando alguém passa o tempo todo provando os próprios vinhos (ou lendo os próprios livros, no meu caso). Nada como a possibilidade de provar outros vinhos, ver como são e como o seu próprio vinho se compara. Não há como exagerar a importância de algo assim, o que ajuda a entender por que os produtores gastam milhares de dólares para levar seus vinhos a essas conferências e compartilhar, em troca da possibilidade de aprender com os outros. Negócio sério!

Os promotores da conferência reconheceram a utilidade dessa função ao organizar o evento em torno de duas sessões bem formais e intimidantes de degustação. A pessoa entra no salão de conferências no início da manhã e se depara com vinte taças alinhadas diante de cada um dos trezentos lugares. Vai passar mais de duas horas provando vinte rótulos "às cegas" (ou seja, sem saber quem os produziu, quando nem onde). Um a um, os vinhos são comentados, e então suas identidades são reveladas. Vinte vinhos semissecos e mais doces são degustados no segundo dia, seguindo esse mesmo ritual. É realmente uma experiência incrível e, do ponto de vista logístico, um bocado de vinhos a juntar e um bocado de taças a dispor, encher, esvaziar e guardar.

Entender o que é o *terroir* e aprender com os mestres europeus estavam entre as grandes prioridades quando fui ao meu primeiro Rendezvous, em 2008. Os vinhos do Vale do Rio Nahe, na Alemanha, eram particularmente dignos de nota, em especial o Weingut Dönnhoff Niederhäuser Hermannshöle Auslese, que simplesmente parecia dançar na minha taça. Que vinho! Um dos pontos altos, para mim, foi um seminário em que o importador Terry Theise nos conduziu pelos vinhedos biodinâmicos de uma das mais antigas vinícolas da Áustria, a Nikolaihof Wachau, que contam com o Certificado Demeter. Entre os vinhos que provamos estava o Nikolaihof Riesling Steiner Hund Reserve, se não me falha a memória. Foi uma experiência intensa — tive até de me ausentar uma ou duas vezes para recobrar o fôlego. Mas é claro que voltava, pois era uma experiência intelectual e sensorial muito forte.[2]

O Dönnhoff e o Nikolaihof ainda se destacavam na vez seguinte, mas me senti mais atraído pelo Riesling seco. Conheci Louisa Rose, que produz o espetacular Riesling Pewsey Vale The Contours, do Vale do Eden, para a Yalumba, por exemplo, e saboreei várias safras do Trimbach Riesling Cuvée Frédéric Émile, da Alsácia. Ficava claro que o Riesling não é apenas semisseco ou doce, podendo também ser totalmente seco e delicioso. E o Planeta Riesling, como diz Stuart Pigott, vai além da estrita órbita austro-germânica.

Pude observar que nessas degustações as conversas tendem a girar em círculos. As mesmas questões ressurgem o tempo todo. Você *realmente* acha que esse Riesling é *seco*? (não raro enunciado como uma acusação, e não uma pergunta). Não demora, e as atenções se voltam para dados analíticos (AR, açúcar residual; AT, acidez total; pH, equilíbrio ácido/alcalino), mais um conjunto de círculos a serem examinados e debatidos. E vem a grande questão: é um vinho do Velho Mundo ou do Novo Mundo? É como se cada vinho tivesse de se enquadrar claramente em uma categoria objetiva, o que, naturalmente, não acontece.

170 ⁓ A VOLTA AO MUNDO EM 80 VINHOS

Esses debates me parecem um beco sem saída. A percepção do que é doce ou seco é individual e subjetiva, de modo que o que é seco para você pode ser doce para outra pessoa. Os dados analíticos têm importância relativa, como explicou Jamie Goode, que também compareceu às reuniões de 2016.[3] E, para mim, não importa muito se alguém é capaz de adivinhar de onde vem o vinho — não é como se estivéssemos jogando "Where in the World is Carmen Sandiego?"* Em geral, de qualquer maneira, nem os especialistas eram capazes de responder com convicção à pergunta geográfica sobre o que é Velho/Novo, e não faltavam surpresas quando se revelavam os nomes dos produtores e das regiões.

Você certamente teria gostado de observar as duas sessões formais de degustação em 2013. Às vezes, os especialistas acertavam na mosca ao adivinhar o que estava na taça, mas acho que os organizadores podem ter escolhido os vinhos com o objetivo de demonstrar que o Planeta Riesling está mudando. E assim, vez por outra (na maioria das vezes, creio eu), eles se enganavam. Enganavam-se de maneira geral, mas se deparando com qualidade inesperada de origem inesperada, o que é uma bela forma de ser surpreendido.

Não faltaram exclamações, por exemplo, quando se revelou que determinado vinho era da Elesko Winery, da Eslováquia. Ninguém fazia a menor ideia, provavelmente porque, para começo de conversa, a Eslováquia nem estava no nosso radar. Lembro-me de ter provado alguns vinhos brancos revigorantes e deliciosos desse país quando estava em Praga, mas quando se fala de Europa Central a primeira coisa que vem à mente provavelmente é cerveja, e não vinho (apesar da proximidade com a Áustria). Realmente impressionante.

Tim Atkin, que foi o moderador na degustação dos semissecos (John Winthrop Haeger fez o mesmo papel com os secos),[4] parecia sentir um prazer especial em revelar que um vinho que tinha sido convictamente declarado da região do Mosel, por um dos especialistas presentes, era produzido na verdade pela Ste. Chapelle Winery, de Idaho (que faz parte de um grupo em franca ascensão, o Precept Wine). Quantas caixas você produz?, perguntou Atkin a Maureen Johnson, provavelmente imaginando uma incipiente indústria vinícola no Estado de Idaho. Quarenta mil caixas deste vinho, foi a resposta. Uau, é muita

---

* Jogo de computador existente desde a década de 1980, no qual o jogador é um detetive que reúne pistas nos mais diferentes países do mundo para solucionar um caso. (N. T.)

coisa, reconheceu Atkin, evidentemente surpreso. Algo gigantesco, se comparado aos padrões alemães. Estamos realmente num admirável mundo novo do Planeta Riesling quando vinhos de alta qualidade vêm de recantos tão inesperados.

Uma mensagem que foi reforçada no livro *Best White Wine on Earth: The Riesling Story*,[5] publicado em 2014 por Stuart Pigott. Embora Pigott explore, como se poderia esperar (e com entusiasmo), todas as regiões e estilos do Planeta Riesling, não deixa de ser significativo que pareça intuir que o Novo Mundo representa o futuro, tanto em termos de aumento da produção como, especialmente, de potencial de consumo. Afinal, não basta fazer excelentes vinhos. Alguém precisa bebê-los. O que pode ser um problema.

A CRISE DE IDENTIDADE DO RIESLING

Um tema constante desses encontros é a necessidade de superar a crise de identidade do Riesling. Qual é o problema com o Riesling? Bem, o fato é que a maioria dos consumidores não entende bem o que é o Riesling, e, em geral, os problemas começam na questão da doçura. O Riesling abarca todas as gradações da doçura, do não doce — tão seco quanto possível — até o intensamente doce (ainda que em geral balanceado com acidez). Nossa percepção desse vinho pode ser determinada pelo primeiro gole, e para muitas pessoas ele é desconfortavelmente doce (especialmente quando não se estava esperando). Assim, o Riesling (como o xerez, outro vinho mal compreendido) é considerado culpado de uma doçura criminosa até prova em contrário. E muitos consumidores, convencidos pelo que ouviram ou prejulgaram, nem chegam a lhe dar uma justa oportunidade. Pior ainda, de certa maneira, é o fato de certas pessoas que *gostam* de vinhos mais doces ficarem confusas quando se deparam com um Riesling seco. Mas isso é Riesling? Não é o que eu esperava. Muitos consumidores temem comprar uma garrafa de Riesling por não saberem o que vão encontrar ao abri-la. De modo que a pergunta "Ele *é* doce?" e a exclamação "Doce ele *é*!" (daqueles que sabem a resposta) estão inextricavelmente ligadas.

Os conhecedores de economia reconhecerão aqui um problema de informação assimétrica. Os produtores conhecem o sabor do seu vinho e os compradores presumivelmente sabem do que gostam (embora os vinicultores me digam que as pessoas tendem a *dizer* que gostam de Riesling seco, mas acabam comprando vinhos mais doces). Mas não sabem o que encontrarão na garrafa e só poderão descobrir experimentando. Uma solução para a armadilha da informação assimétrica consiste em informar os compradores sobre o que precisam saber para comprar na confiança. Parece muito simples, mas até recentemente a maioria dos produtores de Riesling resistia, possivelmente por não quererem alienar nenhum dos dois lados da guerra da doçura. A simples escala gráfica de doçura criada pela Fundação Internacional Riesling (organização surgida do primeiro Riesling Rendezvous) certamente ajuda e vem sendo usada por um número cada vez maior de produtores.

Uma pesquisa apresentada na conferência de 2013 indica um outro problema. As pessoas que mais apreciam o Riesling (talvez por gostarem da sua diversidade) aparentemente também valorizam a diversidade dos vinhos em geral. Bebem Riesling, claro, mas não com a determinação obsessiva, por exemplo, dos fãs do Sauvignon Blanc ou do Pinot Grigio, que retornam com mais frequência ao seu vinho favorito do que o grupo de consumidores de Riesling, digamos, raiz.

Como, então, levar consumidores a comprar vinhos que não entendem direito nem apreciam plenamente? Como se poderia esperar, desde o início, a discussão girou em torno da ideia de um slogan de forte poder sugestivo — algo como o inesquecível "Got Milk?"★, só que aplicado aos vinhos. É o que acontece quando o povo do vinho se reúne para falar de estratégias de promoção para diferentes grupos de produtos, apesar do fato de serem muito raros os slogans genéricos que tiveram grande impacto de vendas (de quantos você consegue se lembrar?), menos ainda tratando-se de vinhos. Eu costumava pensar que essa discussão era pura perda de tempo, mas hoje reconheço que sua função não é tanto convencer consumidores, mas dotar as vinícolas e os distribuidores de um grito de guerra. Nenhum problema, desde que o slogan não seja ofensivo, podendo até mesmo ser útil. Ted Baseler, diretor-executivo da Chateau Ste. Michelle Winery, propôs "Right On, Riesling!", que parece perfeito — com toda certeza, melhor que o vagamente sugestivo "Riesling: Just Put It In Your Mouth" que chegou a ser considerado por um dos grupos de trabalho.

★ "Bebeu leite?" foi o slogan de uma campanha publicitária lançada nos Estados Unidos em 1993, por iniciativa dos produtores da Califórnia, para aumentar o consumo de leite no país. (N. T.)

Não existe um único modo de construir um mercado para um vinho mal compreendido ou subestimado — não há uma "bala de prata", como se diz popularmente. Deve haver cinquenta maneiras (ou quinhentas), mas tudo parece resumir-se no trabalho árduo realizado, taça por taça, consumidor por consumidor (com a alavancagem, claro, da divulgação em redes sociais e, claro também, esperando que os meios de comunicação vejam a campanha com bons olhos), de todos os envolvidos (leia-se povo do vinho). Moradores do Planeta Riesling, uni-vos no grito de guerra que melhor funcionar, pois a união realmente faz a força, e o resto é trabalho duro.

A MÃE DE TODOS OS INIMIGOS

Nada é capaz de unir concorrentes tão bem como um *desafio* comum (no caso, convencer os consumidores a experimentar os vinhos Riesling), exceto talvez um *inimigo* comum, e o Riesling Rendezvous identificou uma ameaça coletiva potencialmente imbatível. Não estamos falando da filoxera nem de alguma outra praga do vinho, nem mesmo de um movimento neoconservador pleiteando a volta da lei seca (a cada dia mais ativo na Europa). Esse inimigo tem as enormes proporções da Mãe Natureza: as mudanças climáticas.

As mudanças climáticas vêm remodelando o Planeta Riesling há algum tempo. Ernst Loosen começou a percebê-las em seus vinhedos da região do Mosel já faz bastante tempo, e declarou a Jancis Robinson, em 2008, que suas melhores plantações estavam amadurecendo tão bem que era quase impossível produzir nelas os tradicionais vinhos secos do estilo Kabinett.[6] E, de fato, quando eu comprei algumas garrafas do Dr. Loosen Blue Slate Riesling para uma degustação com alunos, li no rótulo traseiro a advertência de que não se sabia por quanto tempo ainda seria possível produzir esse vinho. Não terá sido por coincidência, então, que na edição 2010 do Riesling Rendezvous se assistiu a uma palestra sobre mudanças climáticas, a cargo de Hans Schultz, da Universidade de Geisenheim (onde dados sobre as condições atmosféricas dos vinhedos são colhidos há centenas de anos), e Gregory V. Jones, da Universidade do Sul do Oregon. (Se você percorreu a Interstate 5 no início do capítulo, passou bem perto da Abacela Winery, da família de Jones, na região sul do Oregon.)

Lembro-me muito bem da apresentação de Schultz e Jones, pois eles traziam algumas notícias chocantes. Entre elas, previsões sobre as mudanças climáticas esperadas em 2025, que haviam sido feitas em torno do ano 2000 e eram comparadas com dados recentes. Naquele ano de 2010, o aquecimento global esperado para 2025 já fora alcançado, com 15 anos de antecedência. E, como sabemos dos capítulos anteriores, as temperaturas aumentam a cada ano desde então. A Riesling é uma casta relativamente adaptável, podendo gerar frutos de qualidade com temperaturas médias variando entre 13°C e 17°C na estação de cultivo. Mas até o nobre Riesling tem lá seus limites.

A palestra de Schultz e Jones em 2016 levou a plateia além da questão do aquecimento global. Sim, as temperaturas diárias máximas vêm aumentando em muitas regiões de cultivo vinícola, observaram, mas as temperaturas baixas das estações de cultivo também sobem, não raro mais rapidamente que os picos. Por que isso é importante? Bem, muitos produtores têm como artigo de fé que o principal fator para se obter vinhos revigorantes e maduros está nas variações diurnas — a diferença entre o calor do dia e o frio noturno durante a estação de cultivo. O calor amadurece e adoça, mas o frio preserva a acidez necessária para balancear os vinhos. Se, como sugere a pesquisa, a variação diurna está diminuindo, o equilíbrio gerado por ela também muda, podendo ser necessários ajustes no cultivo e nas práticas de produção vinícola.

A temperatura do solo é outro fator que vem mudando, segundo Schultz e Jones. Certos estudos de avaliação da temperatura do solo em diferentes profundidades por baixo dos vinhedos constataram resultados mais elevados, o que faz sentido, pensando bem, mas ainda assim surpreende. Temperaturas mais altas no solo podem ter impacto no desenvolvimento das plantas, tanto de maneira geral como ao longo da estação. Significativamente, alguns estudos indicam que certas diferenças que atribuímos ao *terroir* estão associadas na verdade a micróbios que habitam o solo. Desse modo, as mudanças verificadas no solo podem alterar as uvas e os vinhos de maneira sutil, mas fundamental. O público ficou ao mesmo tempo abalado e estimulado com a apresentação de Schultz e Jones, e dava para ver que todos ali tentavam processar as informações detalhadas e pensar no que significavam para seus vinhedos, suas uvas, seus vinhos e seus negócios.

NA ESTRADA DO RIESLING

Temos então excelentes notícias no Planeta Riesling em termos da qualidade dos vinhos atualmente, mas ainda há desafios a enfrentar, a começar pelo inimigo comum representado pelas mudanças climáticas. Também há muito trabalho pela frente no sentido de construir um mercado. O fato de os consumidores entenderem que o Riesling se apresenta em diferentes níveis e estilos de doçura não significa que vão comprar. Ninguém é obrigado a beber vinhos Riesling. Ninguém é obrigado a beber vinhos. Existem muitos outros vinhos e muitas outras bebidas, e cada produto precisa, diariamente, convencer seus potenciais compradores. Como escrevi em *The Wine Economist* (depois do Riesling Rendezvous de 2016), preocupa-me um pouco que o Planeta Riesling esteja preso numa conversa em círculo vicioso — seco *versus* doce, Velho Mundo *versus* Novo Mundo —, quando o mercado já seguiu em frente.

Mas me sinto estimulado por algo que Ernst Loosen disse no primeiro dia da conferência. O Riesling é complicado, observou, e as coisas complicadas precisam ser entendidas de um jeito complicado (não lembra o Teorema da Impossibilidade de Batali?). Exatamente, mas como passar tal mensagem? Muito bem, na minha outra vida, como professor universitário escrevendo sobre a globalização econômica, aprendi que as pessoas entendem coisas complicadas ouvindo histórias que contamos a respeito.[7] As histórias precisam capturar a essência sem simplificar excessivamente, tampouco distorcer. Contar histórias é fundamental, e é o desafio do Riesling, o que significa ir além das simples dicotomias que às vezes dominam o debate.

Que vinhos, então, vamos acrescentar à nossa coleção? Como grande parte do mundo do Riesling veio ao nosso encontro em Seattle, escolherei uma variedade de estilos de vinho de todo o mapa. Começo com os secos: o Riesling Pewsey Vale The Contours, do Vale do Eden, na Austrália, e o Riesling Tantalus Old Vines, do Vale de Okanagan, na Colúmbia Britânica, Canadá. Passamos em seguida aos estilos semissecos, com o Riesling Eroica Dr. Loosen & Chateau Ste. Michelle, do Vale de Colúmbia, Estado de Washington, e o Weingut Dönnhoff Niederhäuser Hermannshöle Auslese, do Vale do Nahe, Alemanha.

Os Vinhos

Pewsey Vale The Contours Riesling, Eden Valley, Austrália

Tantalus Old Vines Riesling Okanagan Valley, Colúmbia Britânica, Canadá

Dr. Loosen and Chateau Ste. Michelle Eroica Riesling,
Columbia Valley, Washington, EUA

Weingut Dönnhoff Niederhäuser Hermannshöle Auslese,
Vale do Nahe, Alemanha

Capítulo 15

A Corrida da Bala de Canhão

The Cannonball Run é um filme de 1981, por sinal ridículo — *Quem não corre, voa*, no Brasil —, com uma longa lista de atores e celebridades, desde Burt Reynolds, Roger Moore, Farrah Fawcett, Dom DeLuise, Sammy Davis Jr. e Dean Martin até Jackie Chan, Peter Fonda, Bianca Jagger, Molly Picon, Mel Tillis, Terry Bradshaw, Bert Convy e Jimmy "The Greek" Snyder. Se os nomes não lhe dizem nada, imagino que você não estava por aqui na década de 1980. Mas vai por mim: temos aí um verdadeiro quem é quem da cultura popular norte-americana nessa época. Não surpreende que o filme estourasse nas bilheterias e ainda rendesse uma continuação em 1984, intitulada, como era de se esperar, *Cannonball Run II* (*Um rally muito louco*). No momento em que escrevo, correm boatos de que os estúdios da Warner Bros. pretendem retomar a franquia. Mal posso esperar.

Bem lá no finzinho da lista de integrantes do elenco, você vai encontrar o nome de Brock Yates, escritor especializado em veículos automotivos que participou da redação do roteiro e por assim dizer inventou a aventura da vida real em que o filme se baseia. Promovida por ele, a Cannonball Run, ou "Corrida da Bala de Canhão", era uma corrida de automóveis desenfreada e totalmente ilegal atravessando a América do Norte, começando no Atlântico e terminando no Portofino Inn da praia de Redondo, na Califórnia.[1] O evento foi realizado cinco vezes na década de 1970. O lendário corredor americano Dan Gurney venceu a segunda edição dirigindo uma Ferrari Daytona, com Brock no banco do carona: fizeram o percurso em 32 horas e 54 minutos. O menor tempo na corrida foi estabelecido por Dave Heinz, em 1979: 32 horas e 51 minutos num Jaguar XJS. Desde então, outros reviveram a aventura, e a contagem extraoficial de tempo já chegou a menos de 30 horas.[2]

Estou falando da Cannonball Run porque ela sempre me lembra a corrida desesperada de Phileas Fogg (na direção oposta) através do continente. Como os carros envenenados do filme, o navio a vapor de Fogg era o veículo mais veloz na época. Em ambos os casos se estava correndo contra o tempo, e os planos mais cuidadosamente preparados eram reduzidos a cinzas de maneira dramática (para Fogg) ou ridícula (no filme). Pois... está na hora de também fazermos a nossa corrida da bala de canhão.

SAINDO PELO LADRÃO

A Califórnia é, de longe, a maior região de produção vinícola da América do Norte. A *Wine Business Monthly* calculou que em 2016 havia, no Estado, 2.885 vinícolas nos registros fiscais e 1.169 vinícolas "virtuais" (marcas de comercialização terceirizada, ou "white label"), num total de 4.054 produtores de vinho, entre eles a maioria dos trinta maiores produtores do país.[3] Não resta dúvida: a Califórnia é o Número 1. Mas o vinho norte-americano é muito mais que apenas o da Califórnia. Pode parecer incrível, mas, em 2016, havia nos Estados Unidos mais de 8.700 vinícolas, além de mais de 670 no Canadá. O México também vem passando por um boom. Só na Baja California há mais de cem vinícolas, o que não chega a surpreender, considerando-se que há séculos os espanhóis introduziram as uvas viníferas na região.

Nesse mesmo ano de 2016, eram produzidos vinhos em todos os Estados dos EUA, sendo a Califórnia seguida por Washington, com 718 vinícolas, Oregon (689), Nova York (367), Virgínia (262) e Texas (228).[4] Quantas vinícolas! Que fazer? Viajar a cada Estado e visitar todas? Poderíamos fazê-lo, mas levaria uma eternidade — literalmente, creio eu, pois quando terminássemos haveria novas vinícolas a visitar. Segundo a *Wine Business Monthly*, só em 2015 foram criadas 700 vinícolas nos Estados Unidos. Incrível! Os vinhos e as vinícolas estão saindo pelo ladrão na América do Norte.

Seria necessário um livro inteiro só para vislumbrarmos a ponta do iceberg quando o assunto são vinhos americanos. Felizmente, esse livro já existe: *American Wine*, belo e informativo trabalho publicado em 2013 por Jancis Robinson e Linda Murphy.[5] Uma das coisas que mais me agradam em *American Wine* é que o livro leva seu título a sério. Como se poderia esperar, estados como Califórnia, Washington, Nova York e Oregon merecem tratamento devidamente detalhado. Mas talvez ninguém esperasse um tratamento detalhado da situação do vinho no Colorado, por exemplo, com sua indústria emergente em rápida expansão, ou no Missouri, com sua importante história de cultura vinícola. Na verdade, de uma maneira ou de outra, todos os Estados produzem vinho e todos são levados em conta no livro. Alabama e Mississippi têm apenas um parágrafo cada, na verdade, mas talvez não seja nenhuma surpresa.

American Wine me ajudou a repensar os Estados Unidos como um país onde o vinho está profundamente impregnado na história e na cultura e no qual foi amplamente aceito. Embora os EUA sejam o maior mercado de vinhos do mundo, em total de vendas, o consumo per capita ainda é baixo, se comparado aos padrões europeus, e o vinho ainda luta por superar as regulamentações originadas na época da Lei Seca. *American Wine* reconhece esses desafios, mas projeta uma visão otimista do vinho hoje, sugerindo como pode evoluir e se desenvolver no futuro.

Estimulados por essa visão, comecemos então a nossa corrida de bala de canhão pela paisagem vinícola da América do Norte, parando em alguns lugares com histórias especiais para contar. Aviso que será um percurso algo fragmentário, com guinadas e reviravoltas de um lugar a outro, mas não temos alternativa. Para tornar a coisa mais interessante, vamos apostar corrida. Metade do nosso grupo vai para o Norte e o resto, para o Sul, para cobrirmos o dobro do território. E onde nos encontraremos? Já sei! Nossa meta final será o Palladio Restaurant em Barboursville, Virgínia. Vou explicar quando chegarmos lá. Por enquanto… aqueçam os motores.

RUMO AO NORTE

Vamos primeiro para o Canadá, o que surpreenderá muita gente. Canadá? Sério? Tundra tinta e tundra branca? Não, embora de fato haja produção de vinho de gelo (*ice wine*) tanto em Ontário como na Colúmbia Britânica. As uvas são deixadas na parreira até que a temperatura caia a ponto de congelar o sumo. Geladas e enrugadas, são então prensadas, liberando apenas algumas gotas de um néctar que, fermentando-se naturalmente, produz um vinho deliciosamente doce que é a mais importante exportação vinícola canadense.

Em 2015, tive a sorte de ser convidado a dar a palestra inaugural das convenções dos grupos da indústria vinícola tanto de Ontário como da Colúmbia Britânica, e assim pude provar muitos dos melhores vinhos. Ontário tem uma indústria vinícola maior do que se poderia imaginar — basta olhar o mapa e você vai entender por quê. O território do Estado desce bastante em direção ao sul pelo leste dos Grandes Lagos, e uma parte dele é tão meridional quanto o Vale de Willamette, no Oregon. Por que não haveria de produzir um bom vinho? Mas as mudanças climáticas são um desafio. Não tanto o aquecimento, mas a instabilidade. Movimentos inesperados verificados na corrente de jato nos últimos anos tornaram os territórios vinícolas de Ontário inusitadamente frios nos meses de inverno. Embora grande parte da indústria vinícola local esteja voltada para vinhos baratos, alguns misturados com vinhos de garrafão importados e comercializados como misturas internacionais do Canadá, vem crescendo o movimento em favor dos vinhos da Vintners Quality Alliance (VQA). Um dos meus favoritos na produção de Ontário (que saboreei anteriormente numa reunião do Riesling Rendezvous) é o Riesling Cave Springs Cellars Estate, de Beamsville Bench, na Península de Niagara.

Também gosto bastante do Riesling da Colúmbia Britânica (você deve ter notado que eu incluí o Tantalus Old Vines na lista do último capítulo), assim como dos tintos que eu descobri ao falar no evento em 2015. Há muitos anos visito a Colúmbia Britânica, e os vinhos de lá melhoraram muito. Foram as mudanças climáticas, perguntei a um produtor? Ele ficou indignado. Não, respondeu, é o aperfeiçoamento da produção, e tenho certeza de que é isso mesmo, como acontece em tantas partes do mundo. Mas, ao que parece, a economia também faz parte da resposta. Quando o Canadá aderiu ao Acordo de Livre Comércio da América do Norte (Nafta), seu mercado de vinhos se abriu um pouco mais às importações dos EUA, o que obrigou as vinícolas da Colúmbia Britânica a aprimorar os vinhedos, muitos dos quais tinham sido plantados com uvas híbridas. As novas videiras *Vitis vinifera* levaram algum tempo para se firmar, mas afinal passaram a produzir frutos excelentes e, hoje em dia, alguns vinhos tintos já se equiparam aos brancos. O Syrah C.C. Jentsch Cellars, do Vale de Okanagan, é um exemplo do que pode ser conseguido na região. Howard Soon, provavelmente o produtor mais premiado do Canadá, produz artesanalmente uma série de extraordinários tintos de vinhedo único para a Sandhill, vinícola de sua propriedade, experimentando os *terroirs* relativamente pouco explorados da Colúmbia Britânica. Seu Sandhill One, um complexo *blend* de estilo Bordeaux associando Cabernet Sauvignon, Petit Verdot e Malbec, do Phantom Creek Vineyard, prova de uma vez por todas que o Canadá não se resume ao vinho de gelo.

WALLA WALLA ALCANÇA A MAIORIDADE

Agora, nos desviamos um pouco para o Sul em direção a Walla Walla, que tem uma história surpreendentemente longa de vinicultura. Considera-se que as primeiras uvas foram plantadas por caçadores de peles franco-canadenses que chegaram à região com a Hudson's Bay Company há cerca de duzentos anos. Os imigrantes italianos que vieram depois da Guerra Civil Americana levavam a sério o plantio de uvas e a produção de vinho. Uma das variedades de sua preferência era a Cinsault, que chamavam de "Príncipe Negro". Algumas das vinhas plantadas por eles perduram até hoje, crescendo sem cuidados, mas sempre colhidas. Você fará o interlocutor sorrir se perguntar pela Cinsault ou falar de Príncipe Negro.

Estávamos no alto de uma colina do Oregon incluída no sistema de denominações da Área Americana de Viticultura (AVA), num jantar comemorativo do vinhedo Caderetta, em sua Glass House, e experimentamos durante a refeição alguns *blends* de Bordeaux locais. Marty Clubb, da pioneira vinícola L'Ecole No. 41, de Walla Walla, estava presente e nós provamos seu vinho de corte Ferguson Vineyard 2011.[6] Acho até que, de onde estávamos, podíamos ver o vinhedo Ferguson recém-plantado. O vinho era excelente, com um autêntico sabor local, e Marty contou que estava para viajar a Londres por causa desse vinho. A equipe do L'Ecole ficou tão satisfeita com o Ferguson que o havia inscrito no World Wine Awards, da *Decanter*, e ele fora chamado a Londres para o jantar de premiação.

O convite significava que o vinho tinha ganhado um dos prêmios principais — e não simplesmente bronze, prata ou ouro. Talvez um troféu regional (melhor Bordeaux varietal dos EUA?) ou quem sabe até um International Trophy (melhor vinho do mundo nessa categoria!). Não havia como saber, mas Marty estava disposto a pegar o avião para descobrir. Realmente emocionante!

Dias depois, eu estava às voltas com a tecla F5 do meu laptop, impaciente para recarregar a página da *Decanter* e ver os resultados na tela. Até que afinal, exatamente às 13:01, eles apareceram. O L'Ecole ganhou o Troféu Decanter Internacional de Melhor Vinho Tinto Bordeaux Varietal com preço acima de 15 libras — o maior prêmio internacional em uma das categorias mais competitivas.

Obviamente, ganhar um prêmio *Decanter* ou qualquer outro, ou ainda uma medalha, não prova que o vinho seja objetivamente "melhor" (o que quer que isto signifique) que qualquer outro. Mas eu diria que é difícil negar que a excelência do L'Ecole da Ferguson se destacou para os jurados americanos da degustação inicial, e foi assim que ele entrou para a competição pelo Troféu Internacional. E, evidentemente, também se destacou quando provado em comparação com vinhos semelhantes de outras regiões do mundo. Não se trata de ciência exata, concordo, mas ainda assim vale ser comemorado. Melhor do mundo? Questão de opinião. Mas um sinal de que Walla Walla chegou à idade adulta? Com toda a certeza! Muitos excelentes vinhos são produzidos atualmente na região, e o futuro se descortina luminoso. Entre os meus favoritos estão o Syrah Corliss, o Carmenère Reininger, o Trine, da Pepper Bridge (vinho de corte), e o Chardonnay Tranche, feito com uvas do Celilo Vineyard, na região de Columbia Gorge.

DE VOLTA À ESTRADA

De Walla Walla seguimos para Leste, passando por Idaho (que tinha cinquenta e uma vinícolas em 2016), onde são produzidos muitos vinhos de qualidade, especialmente na região do Vale do Rio Snake. Lá era feito o surpreendente Riesling Ste. Chapelle que encontramos no último capítulo. Gosto muito dos tintos do Huston Vineyards, entre eles o Chicken Dinner Red, que desce tão fácil, e todos os vinhos que Greg Koenig produz para a Koenig Winery, a Bittner Winery entre outras vinícolas.

Tomamos então o rumo de Montana (dezesseis vinícolas), Dakota do Sul (vinte e duas) e Minnesota (sessenta e duas). A Universidade de Minnesota se empenhou no desenvolvimento de uvas viníferas suscetíveis de vicejar em latitudes setentrionais. Uma delas é a Frontenac, variedade de uva híbrida criada em 1978 pela combinação da Landot Noir com uma videira descoberta em condições de crescimento silvestre perto de Jordan, Minnesota. Os vinhos são de um vermelho profundo, com toques de ameixa e cereja. Provei duas vezes um chamado Voyageur, feito com essa uva do Alexis Bailly Vineyard. Uma das safras do Voyageur foi considerada "o melhor vinho produzido nos Estados Unidos" num concurso realizado em Atlanta.

Nossa rota setentrional prossegue por Estados de produção vinícola como o Michigan, onde é possível encontrar vinhos maravilhosos perto de Traverse City, entre eles alguns Riesling maravilhosos. Ohio se destaca ao mesmo tempo pelo atual boom da viticultura e por sua história interessante. Nicholas Longworth (1782-1863) sonhava com um país cheio de videiras e vinhos, considerando Ohio em geral e Cincinnati em particular como possível centro irradiador.[7] Retirou-se dos negócios em 1828 e começou a construir um império do vinho basicamente em torno da variedade Catawba. Destemido em sua ambição, creio que ele teria alcançado sucesso não fossem as diferentes pragas que comprometeram seus esforços e levaram suas preciosas videiras (e seus sonhos) a definhar e morrer.

O Estado de Nova York, contando com as regiões viníferas de Finger Lakes e Long Island, abriga um dinâmico panorama vinícola, além da surpreendente Nova Jersey.[8] O Boordy Vineyards, em Maryland, tem bons vinhos e importância histórica.[9] Passamos ao largo de centenas de vinícolas e milhares de vinhos, mas conseguimos chegar à Virgínia. E o outro grupo, como se saiu?

UM DESERTO DE VINHO?

A imagem que nos vem quando pensamos num vinhedo é de um verde luxuriante, e não de um empoeirado deserto bronzeado. Mas a verdade é que certas regiões viníferas importantes apresentam condições quase desérticas. Tenho em mente certas áreas de Ningxia, na China, por exemplo, e Mendoza, na Argentina, embora pudesse mencionar várias outras. Não surpreende, assim, que sejam cultivadas uvas e se produzam vinhos no Sudoeste dos Estados Unidos. Visitamos vinícolas na região de Sonoita, no Arizona, a pouco tempo de carro de Tucson, e encontramos alguns vinhos excepcionais na Dos Cabezas WineWorks e no Callaghan Vineyards.

O Novo México não parece um lugar muito propício a vinhos. Molho chili, sim, especialmente o da Hatch, famoso entre os apreciadores da culinária sudestina. Mas vinho? Provavelmente não. Contudo, foi perto de Socorro, Novo México, que um padre franciscano plantou, em 1629, as primeiras videiras do território que hoje forma os Estados Unidos, e, atualmente, há quarenta e nove vinícolas no Estado. Uma delas tem uma história propriamente invulgar.

Membros da família Gruet — da empresa francesa Gruet et Fils, fabricante de Champanhe — estavam vagamente interessados em novas oportunidades vinícolas ao visitar o Sudoeste dos EUA em 1983. Eles conheceram outros produtores europeus que tentavam começar um negócio no Novo México e, inspirados pelo exemplo, acabaram plantando vinhedos numa altitude de 1.300 metros perto da cidadezinha de Truth or Consequences, cerca de 270 quilômetros ao sul de Albuquerque. Os equipamentos foram trazidos diretamente da França junto com membros da família Gruet, e afinal uma primeira safra foi comercializada em 1987. Hoje, a Gruet produz toda uma variedade de vinhos espumantes e alguns tranquilos também. Vinho do Novo México? Que bela surpresa! E eles são ótimos acompanhando algum prato, até enchiladas de milho azul com molho de chili verde (da Hatch, claro).

O Texas tornou-se um pujante Estado vinífero, com mais de 225 vinícolas e outras sendo fundadas. Os texanos se orgulham dos seus vinhos e gostam tanto deles que certas vinícolas trazem uvas da Califórnia para complementar a produção local, o que levou a uma certa controvérsia sobre o que realmente é um vinho "do Texas". Oklahoma também pegou a febre do vinho, com mais de cinquenta vinícolas até o momento.

MISSOURI FOI O PRIMEIRO

Podíamos ter parado no Missouri quando rumamos para norte ou na descida em direção sul, mas como a principal região de vinhedos fica no sul do Estado, será nossa próxima parada. O Missouri tinha 135 vinícolas no último levantamento, o que provavelmente surpreenderá até quem vive por lá. Mais surpreendente ainda, contudo, é o fato de uma das regiões viníferas do Missouri — Augusta, bem a oeste de St. Louis — ter sido a primeira Área Americana de Viticultura. A AVA de Augusta foi aprovada em junho de 1980, oito meses antes da segunda AVA, que visitamos alguns capítulos atrás: a do Napa Valley. Para mim, o vinho do Missouri está associado à mais característica variedade híbrida de uvas do Estado, a Norton, que foi descoberta em 1820 pelo médico e horticultor Daniel Norton, de Richmond, Virgínia, e é o esteio da indústria vinícola aqui no Missouri.

Hora de atravessar a Carolina do Norte, rapidamente surgindo como uma região vinícola que um dia pode rivalizar com a Virgínia. Na Carolina do Norte encontramos tanto as variedades *Vitis vinifera* europeias como as Muscadinas *Vitis rotundifolia* nativas, entre elas a Scuppernong. Essas uvas se dão bem com climas quentes e úmidos, segundo a *American Wine*, e são usadas na produção de vinhos populares adoçados no sul dos EUA.[10] Os vinhos feitos com variedades nativas de uvas (entre eles os vinhos Catawba Nicholas Longworth) têm um sabor "silvestre" perfeitamente honesto, embora requerendo um certo costume.

O vinho não está em toda parte nos Estados Unidos, mas tudo indica que estará, e nós precisamos seguir nosso caminho e prestar homenagem a um americano que sonhou que um dia isso aconteceria. E assim cruzamos a fronteira para a Virgínia de Thomas Jefferson.

O LEGADO DE THOMAS JEFFERSON

É sabido que Thomas Jefferson se apaixonou pelo vinho quando foi embaixador na França (sucedendo a Benjamin Franklin), de 1785 a 1789. Os Estados Unidos já estavam familiarizados com o vinho a essa altura, mas o padrão era o vinho Madeira, e não os vinhos secos da Borgonha ou de Bordeaux. Jefferson desenvolveu grande interesse pelos vinhos franceses, enviava caixas para casa nos EUA e acabou dando o passo seguinte e mandando também videiras. Por que o Novo Mundo não poderia produzir e desfrutar de grandes vinhos ao estilo do Velho Mundo? A resposta, como você pode depreender da posterior experiência de Nicholas Longworth em Ohio, eram as pragas e provavelmente também o piolho da filoxera. Jefferson não realizou seu sonho em vida, mas hoje ele se concretiza, na Virgínia (que conta com mais de 260 vinícolas) e no restante do país.

Nosso percurso dá bala de canhão acaba no Palladio Restaurant, do Barboursville Vineyards, a poucos quilômetros do Palácio de Monticello, construído por Jefferson. A propriedade de Barboursville também é da época dele. James Barbour era governador da Virgínia e Jefferson desenhou, em estilo neopalladiano, as construções da propriedade, como fez também em Monticello, na Universidade da Virgínia e no Virginia State Capitol Building, em Richmond. O gosto de Jefferson (em matéria de vinhos) talvez pendesse para os franceses, mas sua paixão pela arquitetura se inspirava na Itália, particularmente nas linhas clássicas de Andrea Palladio.

Talvez tenha sido o destino que atraiu Gianni Zonin a Barboursville e a seu patrimônio/legado na década de 1970. A família Zonin é uma importante produtora de vinhos na Itália, e Gianni queria montar um posto avançado nos Estados Unidos. Empreendeu então uma espécie de corrida da bala de canhão ao seu modo, avaliando as perspectivas de investimentos viníferos na Califórnia e em diversas outras regiões dos EUA. Sua busca veio dar aqui nas terras de Jefferson, onde enxergou as possibilidades que não eram descortinadas por ninguém mais na velha propriedade de Barboursville. E assim, no ano do bicentenário da independência americana, 1976, eles plantaram videiras e fundaram uma vinícola e o maravilhoso restaurante Palladio, onde Sue e eu oferecemos um almoço em homenagem aos pais dela, Mike e Gert Trbovich, que vivem em Richmond, não longe dali.

Encontramos o produtor Luca Paschina antes do almoço para experimentar os vinhos, que costumam ser elencados entre os melhores da Virgínia (o Reserve Petit Verdot ganhou a Monticello Cup, em 2016). Foi enorme o prazer ao bebericarmos o vibrante Vermentino Reserve e o Cabernet Franc, que é a minha referência pessoal nessa variedade na Virgínia. Em seguida, Luca, que é do Piemonte, no Norte da Itália, serviu o seu Nebbiolo Reserve. "Uau!". Alan, o irmão de Sue, ficou ao mesmo tempo empolgado e perplexo com o vinho. E eu também me surpreendi. Reza o senso comum que a uva Nebbiolo não faz muito boa figura fora do Piemonte. Perguntei a Alan, que mora um pouco adiante, perto do campus da Universidade de Virgínia, se há muita neblina por aqui. Muita, respondeu ele. Interessante: em italiano, *nebbia* significa neblina. Talvez por isso o vinho seja tão bom, à sua maneira caracteristicamente virginiana.

O último vinho era o carro-chefe da Barboursville, o Octagon, um *blend*, de estilo Bordeaux, produzido em homenagem a Jefferson e mostrando no rótulo o traçado arquitetônico do Salão Octogonal da propriedade. Uma homenagem perfeita ao sonho de Jefferson. O Octagon era excepcional, mas na verdade todos os vinhos eram memoráveis. Quais deveriam constar em nossa caixa de oitenta garrafas? Fiz a pergunta a Domenico Zonin, atualmente à frente do empreendimento familiar, quando falei numa conferência promovida em Milão pela Unione Italiana Vini. Qual vinho Barboursville? O Octagon, claro, respondeu ele. Eu concordei, mas e o Nebbiolo? Será que ele não diria algo especial sobre a Virgínia e a conexão Itália-Virgínia (e também sobre o produtor, Luca Paschina)? Sim, Zonin assentiu, o Nebbiolo é especial. Como, aliás, o Barboursville Vineyards.

OS VINHOS

Escolher os vinhos é sempre difícil, especialmente nessa parte do nosso percurso. Impossível eleger todos os grandes vinhos, de modo que temos de nos limitar a alguns poucos que contam uma história. Um Barboursville, naturalmente, por causa de Jefferson e da "conexão Zonin", mas qual? O Octagon? Ou o Nebbiolo Reserve? Resposta fácil: ambos. Gostaria de acrescentar só mais um antes de voltarmos ao nosso empoeirado carro alugado, rumo ao aeroporto internacional

Dulles, para pegar o voo noturno da British em direção ao Heathrow. Preciso incluir o tinto L'Ecole No. 41, o *blend* da Ferguson que ganhou o prêmio *Decanter* e prova que os vinhos americanos que não são da Califórnia têm qualidade para brilhar no palco internacional.

E assim nossa louca e grande corrida global da bala de canhão está quase terminando. Algumas horas de voo e concluiremos o percurso. Depois de todo esse tempo e todos esses vinhos, me digam: tivemos êxito ou não chegamos propriamente lá? O que você acha? Só há uma maneira de descobrir.

Os Vinhos

L'Ecole No. 41 Ferguson Vineyard, Walla Walla, Washington, EUA

Barboursville Vineyards Nebbiolo Reserve, Virgínia, EUA

Barboursville Vineyards Octagon, Virgínia, EUA

Capítulo 16

De Volta a Londres

Vitória! Ou Derrota?

Phileas Fogg chegou a Londres sentindo-se derrotado. A viagem tinha levado tempo demais. Atrasos demais, conexões perdidas, golpes de azar. Faltou muito pouco. Tivessem chegado algumas horas antes, e ele teria comemorado vitória. Mas perder por pouco ainda é perder, quando tanta coisa está em jogo. Ele perdera a aposta de vinte mil libras — uma fortuna! Pior ainda, gastara quase o mesmo valor para financiar a viagem. Dupla desgraça!

Mas o destino de Phileas Fogg não era morrer pobre na tristeza. Como sabem os leitores do livro de Júlio Verne, ele é salvo por uma clássica reviravolta romanesca que não vou revelar aqui, apenas indicando que tem algo a ver com o fato de que ele dera a volta ao mundo viajando de oeste para leste, e de que essa direção deu um jeito de distorcer a informação que o relógio ridiculamente confiável de Passepartout — acertado pontualmente pelo horário de Londres — lhes fornecia diariamente.

Em vez de chegarem um dia atrasados, eles estavam exatamente no horário! Uma vitória, digamos, de virada, e no último minuto da partida. Que jeito magnífico de concluir um romance! E a *nossa* viagem? Como será que ela vai terminar? Com vitória ou com derrota?

A LINHA DE CHEGADA

Aqui estamos mais uma vez, então, no nº 3 da Saint James's Street em Londres, quase na linha de chegada de Fogg no Reform Club. E o melhor lugar para avaliar o resultado não é exatamente onde começamos, nas instalações cheias de garrafas de vinho da Berry Bros. & Rudd?

Nosso desafio jamais teve a intenção de reunir a maior quantidade possível de vinhos nem necessariamente os melhores — para isso, não faltam manuais para o comprador e avaliações críticas. O que nos orientava era o critério, reconhecidamente impreciso, de escolher vinhos que contam uma história. Seja individual ou coletivamente, nossas escolhas devem "representar" o mundo do vinho, sua gente e sua cultura, mostrando por que o vinho se tornou um objeto de prazer, fascínio, paixão e até obsessão. Não é pouca coisa — talvez demais? —, e o veredicto final da questão "por que vinho?" certamente será contestado.

Cobrimos um bocado de território. Provamos alguns dos melhores e mais cobiçados vinhos do mundo, vinhos tão sublimes que são apreciados e até valorizados como obras de arte. Château Petrus, Kanonkop Pinotage, Penfolds Grange, Henschke Hill of Grace, Stag's Leap Wine Cellars Cabernet e muitos outros, já agora na nossa caixa, são simplesmente sublimes, e degustá-los muitas vezes é uma experiência única de uma vida. Uau! Se estávamos em busca de histórias sobre o vinho no que tem de melhor, acho que temos aqui uma "adega" que representa muito bem essa ideia, mesmo considerando-se as inevitáveis omissões.

Mas o vinho não se limita a esse nível icônico. "As obras dos grandes autores são como vinhos finos", disse Mark Twain certa vez, "e as minhas são como água". Todo mundo bebe água. De modo que também provamos os populares, pois são vinhos igualmente importantes. Como fã de Mark Twain, não posso ignorar os baratos como Mateus Rosé, Four Cousins e Two-Buck Chuck. E se nem sempre são uma experiência transformadora, como a maioria dos vinhos mais valorizados do mundo, o prazer e conforto que proporcionam e sua capacidade de tornar mais fluida a conversa, a amizade e até o amor não devem ser subestimados. Eles também fazem parte da resposta à pergunta "por que vinho?".

Encontramos alguns vinhos que contam histórias extraordinárias sobre o espírito humano. O Pinot Noir queniano de Richard Leakey, por exemplo, ou os vinhos de guerra e paz da Château Musar no Líbano. O vinho de Leakey, no fim das contas, é impossível de provar, e assim teremos de nos inspirar apenas com sua história, mas os vinhos da Château Musar podem ser encontrados nos grandes pontos de venda e não são caros, como você poderia imaginar. Representam um tributo ao otimismo e à determinação de Serge Hochar, capaz de nos animar até nos momentos mais sombrios, além de nos ensinar algo sobre a luta do vinho natural contra a industrialização.

Inevitavelmente, tivemos de entrar em debates acalorados. Borgonha ou Bordeaux? Não é apenas uma questão de escolher a variedade da uva ou a forma da garrafa. Também está em jogo toda uma visão do que o vinho é ou deveria ser. Em um contexto diferente, o mesmo se aplica à escolha do Hill of Grace, pautado pelo *terroir*, ou do Grange, selecionado tendo como critério o produtor. A Tasmânia nos lembrou que o vinho é incontornavelmente um produto da natureza, e a natureza está mudando. As mudanças climáticas, com as quais voltamos a nos deparar no Riesling Rendezvous, são um dos maiores desafios do vinho (e da sociedade). Por que vinho? Porque tem muita coisa a nos dizer sobre o mundo.

Atravessar o Pacífico Sul, da Tasmânia à Nova Zelândia e à América do Sul, representou mais do que uma oportunidade de admirar o Cruzeiro do Sul. Cada uma das regiões vinícolas que visitamos tinha uma história a contar sobre amor, vida, perda e o que perdura. O vinho deve ser mesmo algo muito especial, para sobreviver a tantas crises e se renovar de tantas maneiras.

Nossa corrida de bala de canhão atravessando a América do Norte passou tão rápido que às vezes as histórias individuais ficavam meio confusas, mas o quadro geral saiu bem nítido. Jefferson sonhou com um país onde o vinho fosse produzido, consumido, apreciado e amado. Foram necessárias duas centenas de anos, mas no fim das contas os obstáculos naturais, como a filoxera, e os empecilhos humanos, como a Lei Seca, foram superados, embora não totalmente eliminados. Os Estados Unidos, como Walla Walla, a que recorri como uma representação do país como um todo, estão chegando à idade adulta no terreno dos vinhos.

Retrospectivamente, é fácil ver que tomamos não poucos atalhos, o que me parecia inevitável. Juntas, a França, a Itália e a Espanha produzem mais da metade de todo o vinho do mundo e, portanto, faria sentido se respondessem por metade dos nossos oitenta vinhos e igual parcela de histórias, mas não foi o que aconteceu, pois era vital abrir espaço para outros. Cada um dos Três Grandes países vinícolas está representado num capítulo, mas ainda assim é uma representação insuficiente, tendo em vista o lugar que ocupam no universo do vinho. França, Itália e Espanha oferecem vinhos e histórias de vinho suficientes para encher capítulos e mais capítulos e mesmo muitos livros. E você pode encontrá-los na biblioteca mais próxima ou numa livraria especializada.

Cobrimos, então, todas as possibilidades? Não, seria impossível. Fizemos o necessário para que a viagem fosse um sucesso? Isso... quem julga é você.

BALANÇO

Agora precisamos abrir as caixas e fazer o inventário. Com certeza temos aqui um bocado de vinho, mas sei que houve alguns problemas. Parece que fui conservador demais em certos lugares (uns poucos vinhos, apenas, da França e da Itália, por exemplo) e surpreendentemente generoso em outros. Pode ter havido uma certa falta de coerência, mas talvez mais alarmante seja o fato de não termos enchido a caixa! Na minha preocupação de deixar sempre espaço para outras descobertas no caminho, cheguei de volta a Londres com apenas cinquenta e seis vinhos no total. Volta ao mundo em oitenta vinhos quer dizer oitenta vinhos, e não cinquenta e seis. Imperdoável. O que fazer? Botar o pé na estrada de novo?

Não. Espere. Eu já ia esquecendo onde estamos. Não há motivo para dar a volta ao mundo de novo em busca desses vinhos, pois, justamente, estamos na loja de vinhos mais famosa da Inglaterra (e talvez do mundo). Não há como encontrar aqui todos os vinhos do mundo, mas não faltam os mais variados tipos dos mais diferentes lugares. Daria para completar o que falta no nosso inventário? Mais seleções da França ou da Itália? Vinhos da Hungria, da Romênia, do Japão, da Turquia, da Grécia e de Israel? Minha nossa! Sim, e mais ainda! E embora seja difícil imaginar um país das maravilhas vinícolas melhor que a Berry Bros. & Rudd, o fato é que as terras de sonho do universo paralelo são uma característica cada vez mais presente na vida cotidiana. Já não é incomum encontrar uma loja ou um supermercado com centenas e mesmo milhares de vinhos diferentes.

Portanto, e você provavelmente estava esperando por isso, convido-o a preencher os vinte e quatro nichos restantes da nossa lista com sua própria seleção de vinhos favoritos ou sonhados. Você pode até descartar algumas das minhas escolhas e substituí-las, se quiser, por outras da sua preferência, pois as diferenças de paladar, seja nos vinhos ou nas experiências em geral, devem ser celebradas.

Ficou frustrado na França quando limitei nossa seleção a poucos vinhos tintos da Borgonha e de Bordeaux? Pois então solte-se um pouco e escolha seus favoritos de outras regiões e outros estilos. Aqui vão alguns para você dar a partida.

Didier Dagueneau Silex, Pouilly-Fumé, Loire, França

Trimbach Riesling Cuvée Frédéric Émile, Alsácia, França

Château de Beaucastel, Châteauneuf-du-Pape, Rhône, França

Terroir Feely Premier Or, Saussignac, Sudoeste, França

Château d'Yquem, Sauternes, Bordeaux, França

O Teorema da Impossibilidade de Batali significa que de certa maneira é impossível reduzir o vinho italiano a sua essência, afinal Itália e vinho são coisas muito complicadas. Pois é a oportunidade de acrescentar vinhos italianos dos seus sonhos ou das suas lembranças. Aqui vão alguns dos meus, inspirados por nossas visitas recentes ao Vêneto e a Friuli. A lista poderia não ter fim.

Rodaro Paolo Romain Refosco, Friuli Colli Orientali, Friuli-Venezia Giulia, Itália

Bastianich Calabrone, Friuli-Venezia Giulia, Itália

Valentina Cubi Morar, Amarone della Valpolicella Classico, Vêneto, Itália

Maeli Estate Fior d'Arancio DOCG, Colli Euganei, Vêneto, Itália

Cantina Produttori Cormòns Vino della Pace, Cormòns, Friuli-Venezia Giulia, Itália

Tendo o Château Musar como inspiração, por que não acrescentar outros vinhos naturais à coleção? A Musar produz um vinho branco, por exemplo, e um tinto mais barato extraídos de videiras mais jovens. E há também os vinhos naturais da Geórgia, se for possível encontrá-los. Entre os nossos favoritos estão o Saperavi, da Gotsa Wines, o Pheasant's Tears e um adorável Rkatsiteli feito pelos monges do Mosteiro de Alaverdi, onde são produzidos vinhos desde 1011.

E temos a Espanha. Tantos grandes vinhos! Precisamos acrescentar alguns à coleção, começando pelo Torres Mas La Plana, um rico Cabernet Sauvignon de vinhedo único da região de Penedès. E como esquecer o Voché Selección Old Vines Graciano, da Manzanos Wines em Rioja? A lista de maravilhosos vinhos espanhóis é infindável. Inclua aqui o seu preferido, não sem levar em conta alguns dos brancos inesquecíveis de Rias Baixas.

Como foi que deixamos a Espanha sem um carregamento de xerez? Já lembrei: ficamos presos a minha metáfora futebolística do El Clásico. Sem problema. A loja está cheia de vinhos xerez e logo ali na esquina podemos encontrar outros. Aqui vão alguns, só para dar água na boca. O Don Zoilo PX que eu incluí na lista foi servido para fechar com chave de ouro uma fantástica refeição de frutos do mar no restaurante Madonnina del Pescatore, em Senigallia, no litoral adriático da Itália. Deslumbrante!

Tio Pepe Muy Seco Palomino Fino Sherry, Jerez, Espanha

Osborne Very Old Rare Pedro Ximénez Viejo Sherry, Jerez, Espanha

Gonzalez Byass Finest Dry Palo Cortado 1987 Vintage Sherry, Jerez, Espanha

William & Humbert Don Zoilo Pedro Ximénez 12-year-old Sherry, Jerez, Espanha

Portugal é um país pequeno, como os portugueses não deixarão de lembrar quando você estiver por lá, porém enorme em matéria de vinhos. Mais vinhos do Porto? Sim, por favor, e da Madeira também. Além disso, alguns dos maravilhosos vinhos tranquilos precisarão estar representados. Aqui vão alguns para fazê-lo salivar. Sue e eu gostamos do Graham's Tawny com queijo Stilton no fantástico restaurante da vinícola, dando para a cidade do Porto do outro lado do rio. E jamais esqueceremos a serenata que os humildes viticultores da Adega Cooperativa de Vidigueira fizeram para nós em Évora, enquanto brindávamos a eles com seu próprio vinho, num banquete celebrando a produção sustentável de vinhos. O canto polifônico tradicional foi tão memorável quanto o revigorante vinho branco.

Graham's 20-Year-Old Tawny Port, Douro, Portugal

Quinta do Vesuvio DOC, Douro, Portugal

Broadbent 10-Year Malmsey, Madeira, Portugal

Adega Cooperativa de Vidigueira Vila dos Gamas DOC, Alentejo, Portugal

Fizemos muitos amigos e vivemos experiências maravilhosas na África do Sul. É o país vinícola mais distante do nosso (Estados Unidos), mas seus vinhos estão no nosso coração. Aqui vão algumas sugestões, caso você queira acrescentar alguns à nossa caixa.

Springfield Estate Méthode Ancienne Cabernet Sauvignon, Robertson, África do Sul

Jordan Nine Yards Chardonnay, Stellenbosch, África do Sul

Stark-Condé Three Pines Cabernet Sauvignon, Jonkershoek Valley, Stellenbosch, África do Sul

Durbanville Hills Rhinofields Sauvignon Blanc, Durbanville Hills, África do Sul

Paul Cluver Nine Flags Pinot Noir, Elgin, África do Sul

Vilafonté Series M (ou talvez Series C!), Stellenbosch, África do Sul

Joubert-Tradauw Syrah, Tradouw Valley, África do Sul

Nosso levantamento dos vinhos das Novas Latitudes levou-nos a Bali, à Tailândia e à Índia, mas acho que você não se surpreenderá se eu disser que há outras regiões tropicais e semitropicais que produzem vinhos dignos da sua atenção. O Ulupalakua Syrah de Maui, no Havaí, é particularmente surpreendente. Vinho havaiano?! Ora, só pode ser feito de abacaxi! Pois bem, de fato são feitos vinhos de abacaxi em Maui, melhores do que você poderia imaginar. Mas uvas Syrah também são cultivadas numa colina perto do mar, e neste caso também você ficará surpreso.

Vang Dalat Cardinal, Dalat, Vietnã

Ulupalakua Vineyards Syrah, Maui County, Havaí, EUA

Salton Intenso Espumante Brut, Serra Gaúcha, Brasil

Alguns dos melhores vinhos da China já foram incluídos na nossa caixa de oitenta garrafas, mas talvez você queira adicionar outros. Se quiser subir em qualidade, recomendo qualquer dos vinhos do Grace Vineyards. Mas é importante ter uma ideia dos vinhos produzidos pelos grandes produtores, Changyu (que consta do estoque da Berry Bros. & Rudd) e Great Wall.

Anos atrás, a indústria vinícola australiana bolou um plano de longo prazo em várias etapas, para tentar dominar o mercado vinícola internacional. A primeira meta eram os vinhos bem-sucedidos no nicho da boa relação custo/benefício, antes de passar ao mercado mais sofisticado. Mas os vinhos simples acabaram definindo a marca "Australia" e esse passo seguinte tem sido um verdadeiro desafio. Há todo um mundo de grandes vinhos entre o Grange e o Hill of Grace, no topo, e os vinhos de supermercado na base. Quero então desafiá-lo a incluir na lista os seus favoritos. A seguir, algumas sugestões.

Yalumba The Virgilius Viognier, Eden Valley, Austrália

Seppeltsfield 100-year-old Para Vintage Tawny, Barossa Valley, Austrália

Rockford Basket Press Shiraz, Barossa Valley, Austrália

Hentley Farm The Stray Mongrel, Barossa Valley, Austrália

Hahndorf Hill Winery Grüner Veltliner, Adelaide Hills, Austrália

Jim Barry The Armagh Shiraz, Clare Valley, Austrália

Yalumba The Signature Shiraz-Cabernet Sauvignon, Barossa Valley, Austrália (Robert Hill Smith sugere as safras 1975 e 1995)

Aproveite a oportunidade para adicionar os vinhos de clima frio que puder encontrar na Inglaterra, no País de Gales ou na Tasmânia. Existem vinhos de muitas regiões de clima frio que despontam atualmente nesse universo, como a Nova Escócia, no Canadá, por exemplo, ou a Escandinávia. Hoje em dia são produzidos vinhos na Noruega, na Suécia e na Dinamarca! Quem poderia imaginar?

Ainda há inúmeros outros vinhos à espera enquanto você contempla o Cruzeiro do Sul. Embora seja possível simplesmente acrescentar os favoritos dentre os Sauvignon Blanc ou Pinot Noir da Nova Zelândia, os Cabernet ou Chardonnay do Chile ou os Malbec da Argentina, eu gostaria de estimulá-lo a optar por outros vinhos que não se enquadrem tão facilmente nos estereótipos desses países. Adoro os Riesling da Framingham, na Nova Zelândia, por exemplo, e os do Vale do Bio Bio, no Chile. Vale a pena explorar os vinhos Bonarda da Argentina, assim como as interessantes *blends* de tintos ou brancos.

Ainda sobrou espaço? Se sobrou, seria bom acrescentar seus favoritos da Califórnia, tanto os aristocráticos, como o Stag's Leap, como os democráticos, como o Two-Buck Chuck. Sue e eu gostamos particularmente dos vinhos da Tres Sabores e da Frog's Leap, assim como da Larkmead e da Cain Five, mas na verdade são centenas os vinhos especiais a serem apreciados.

Mais Riesling! São muitos os grandes vinhos Riesling no mundo inteiro, variando do seco ao doce e ao muito doce. Espero que você goste do Riesling tanto quanto eu e encontre espaço para alguns dos seus preferidos! Dificuldade de escolher? (Ou quem sabe você ainda não descobriu as alegrias do Riesling?) Talvez seja o caso de fazer já uma reserva num voo para Seattle, para o próximo Riesling Rendezvous!

Nossa corrida da bala de canhão pela América do Norte nos revelou um continente transbordante de vinhos interessantes e das histórias que os acompanham. Aqui vão alguns para sua avaliação.

The Eyrie Vineyard Original Vines Pinot Noir, Dundee Hills, Oregon, EUA

Sandhill One Phantom Creek Vineyard, Okanagan Valley, Canadá

Fielding Hills Winery Cabernet Franc, Wahluke Slope, Washington, EUA

Corliss Syrah, Columbia Valley, Washington, EUA

Reininger Winery Carmenère, Columbia Valley, Washington, EUA

Corvus Cellars SPS, Red Mountain, Washington, EUA

Hedges Family Estate Red Mountain, Red Mountain, Washington, EUA

Huston Vineyards Chicken Dinner Red, Snake River Valley, Idaho, EUA

Callaghan Winery Padres, Elgin, Arizona, EUA

Gruet Winery Grand Rosé, Novo México, EUA

Percorremos o mundo do vinho em nossa aventura, mas não foi possível parar em cada lugar, portanto, se você ainda tiver espaço em sua caixa das oitenta garrafas, ocupe os últimos lugares com esses. A Turquia também tem uma longa história vinícola. Vale a pena buscar um vinho branco chamado Emir, assim como praticamente qualquer vinho produzido com as centenas de variedades locais de uvas. O Uruguai e o Peru fazem alguns bons vinhos, como se poderia esperar, considerando-se a colonização espanhola, e não tivemos tempo de ir à Áustria, à Hungria ou à Eslovênia, à Eslováquia, à Croácia nem à República Tcheca. Romênia e Moldávia? No próximo livro, prometo! E o Japão também: o vinho Koshu, da Grace Winery, está na minha lista dos que não podem escapulir. A Berry Bros. & Rudd é o lugar ideal para completar sua caixa, mas não é preciso ir a Londres para experimentar todo um mundo de vinhos. Tantos vinhos, tão pouco tempo. Parafraseando Johnson, quem está cansado de vinhos está cansado da vida. E você aí não me parece nem um pouco cansado!

VITÓRIA OU DERROTA?

Vivemos muitas experiências nessa jornada e espero que tenhamos aprendido um bocado também. Mas afinal, vencemos ou perdemos o desafio? Para responder, vou recorrer uma última vez ao famoso romance de Júlio Verne. Phileas Fogg ganhou sua aposta, o que é a melhor recordação que temos do fim do livro, mas talvez você não se lembre que, depois de tanto esforço ao longo de milhares de quilômetros, ele nem se importava mais em vencer ou perder, pois no caminho descobrira algo mais, algo muito mais valioso que qualquer valor em dinheiro. Havia encontrado a *felicidade*, o que para ele era mais que uma vitória.

Eu disse no início que todo vinho conta uma história e que cada vinho da nossa caixa de oitenta garrafas deve dar a sua contribuição nesse quesito. E acho que conseguimos. Mas também disse que havia um objetivo mais amplo: que as histórias, consideradas em seu conjunto como uma pintura de Seurat, revelassem uma verdade maior. E no início eu não sabia qual era essa verdade. Agora sei.

A grande verdade do vinho é sua capacidade de nos fazer felizes. Felizes como Phileas Fogg. É um dom maravilhoso, particularmente valioso por não precisarmos dar a volta ao mundo para encontrar a felicidade!

Para mim é assim, pois a jornada foi muito interessante e fiquei feliz demais porque você me acompanhou (e porque chegou à última página). Não é incrível que o mundo esteja cheio de vinhos, pessoas e histórias interessantes? Vitória ou derrota? É como a história do copo meio vazio ou meio cheio. Meu conselho? Termine sua taça, esteja ela cheia até a boca ou praticamente vazia, e saque mais uma rolha. Tim-tim!

Notas

CAPÍTULO 1: LONDRES

1. As informações sobre o Reform Club foram obtidas no site do clube, www.reformclub.com (consultado em 29 de julho de 2014).

2. "Na Idade Média, o vinho era relativamente barato e abundante na Grã-Bretanha", informa o *Oxford Companion to Wine*. "Nas tabernas de Londres podiam ser encontrados vinhos da Alemanha, de Portugal, da Espanha, da Itália, da Grécia, das ilhas mediterrâneas e da Terra Santa, assim como da França." Jancis Robinson, editor, *Oxford Companion to Wine*, 3ª ed. (Nova York: Oxford University Press, 2006). Esta citação foi extraída do artigo "British Influence on Wine", que pode ser encontrado online em www.jancisrobinson.com/ocw/detail/british-influence-on-the-wine-trade (consultado em 30 de julho de 2015).

3. Jules Verne, *Around the World in 80 Days* (Nova York: Sterling, 2008).

4. Relatei como a moderna Londres se tornou o "centro do mundo" em matéria de comércio e leilões de vinhos em meu livro *Wine Wars* (Lanham, MD: Rowman & Littlefield, 2011). A Berry Bros. & Rudd também aparece no livro, assim como a rede de supermercados Tesco, na época o maior varejista de vinhos do mundo.

5. A série de Michael Palin está disponível, como consta no seguinte endereço: www.imdb.com/title/tt0096536 (consultado em 31 de julho de 2015). Palin escreveu um excelente livro sobre as filmagens. Michael Palin, *Around the World in 80 Days* (Londres: BBC Books, 1989).

CAPÍTULO 2: FRANÇA

1. Este capítulo é inspirado pelo brilhante livro de Jean-Robert Pitte, *Bordeaux/Burgundy: A Vintage Rivalry*, tradução inglesa de M. B. DeBoise (Berkeley: University of California Press, 2008). A capa do livro mostra os dois tipos de garrafa.

202 〜 A VOLTA AO MUNDO EM 80 VINHOS

2. Jancis Robinson MW (Master of Wine) descreveu as sensações físicas do Borgonha e do Bordeaux em sua série na BBC, *Jancis Robinson's Wine Course*.

3. Escrevi sobre esses vinhos transportados em grandes quantidades no meu livro *Money, Taste, and Wine: It's Complicated!* (Lanham, MD: Rowman & Littlefield, 2015).

4. Pitte, *Burgundy/Bordeaux*, pp. 41-42.

5. Escrevi sobre o frenesi do dinheiro em torno dos Bordeaux, configurado na campanha anual de pré-venda conhecida como *en primeur*, em *Money, Taste, and Wine: It's Complicated!*

6. Richard Woodard, "Henry Jayer Tops DRC as World's Most Expensive Wine", *Decanter* online (10 de agosto de 2015), www.decanter.com/wine-news/henri-jayer-tops-drc-as-worlds--most-expensive-wine-270029 (consultado em 10 de agosto de 2015).

7. Elaine Sciolino, "A Sweet Victory for Burgundy", *New York Times* (20 de agosto de 2015), p. D7.

8. Wine-searcher.com informa que o preço médio da garrafa padrão desse Petrus 1994 é de US$ 1.964, de modo que fica difícil imaginar quanto custaria um duplo magnum! O Borgonha Amoureuses é uma pechincha em comparação com um preço médio de quase US$ 400. A reputação dessas regiões se baseia na qualidade e na raridade dos seus melhores vinhos.

9. Mike Veseth, *Extreme Wine* (Lanham, MD: Rowman & Littlefield, 2013), pp. 50-51.

10. Os vinhos Borgonha são feitos com fermentação convencional, não raro usando cachos inteiros de uvas, ao passo que, para o Beaujolais, é usada a maceração carbônica, na qual as uvas inteiras são fermentadas num ambiente anaeróbico, de tal maneira que a fermentação inicial ocorre nas próprias uvas!

CAPÍTULO 3: ITÁLIA

1. Trechos deste capítulo foram adaptados de uma palestra que dei na Vino 2015, conferência patrocinada pela Italian Trade Commission em Nova York, em fevereiro de 2015. Agradeço à Italian Trade Commission por seu apoio. Os leitores interessados em economia, como eu, perceberão que o título do capítulo se inspira no Teorema da Impossibilidade de Arrow, uma das descobertas mais importantes da teoria econômica do bem-estar no século 20.

2. Ian D'Agata, *Native Wine Grapes of Italy* (Berkeley: University of California Press, 2014).

3. Jancis Robinson, Julia Harding e José Vouillamoz, *Wine Grapes* (Nova York: HarperCollins Ecco, 2012).

4. Gianni Fabrizio, Eleonora Guerini e Marco Sabellico (editores), *Italian Wines 2015* (Nova York: Gambero Rosso, 2014).

5. Mike Veseth, *Money, Taste, and Wine: It's Complicated!* (Lanham, MD: Rowman & Littlefield, 2015).

6. Andrea Seger e Gerald B. White, "Marketing Italian Wine in the U.S. Market: A Case Study of Cantine Riunite", in A. Kiadoó (editor), *Vine and Wine Economy* (Amsterdã: Elsevier, 2012).

7. Como muitos outros vinhos, o Lambrusco pode ser simples ou sofisticado; a Cantina Della Volta produz alguns que anualmente recebem a classificação *Tre Bicchieri*.

8. George Taber, *To Cork or Not to Cork* (Nova York: Scribner's, 2007).

9. Michael Veseth, *Mountains of Debt* (Nova York: Oxford University Press, 1990).

CAPÍTULO 4: SÍRIA, LÍBANO E GEÓRGIA

1. Randall Heskett e Joel Butler, *Divine Vintage: Following the Wine Trail from Genesis to the Modern Age* (Nova York: Palgrave Macmillan, 2012).

2. Mike Veseth, *Wine Wars* (Lanham, MD: Rowman & Littlefield, 2011).

3. Don e Petie Kladstrup, *Vinho e guerra: os franceses, os nazistas e a batalha pelo maior tesouro da França* (Rio de Janeiro: Zahar, 2001).

4. Entre as referências usadas nesta seção estão Andreane Williams, "Squeezing Grapes under Syrian War Clouds", *Al Jazeera* (7 de junho de 2014); Henry Samuel, "Syrian Vineyard Making the World's Most Dangerous Wine", *The Telegraph* (28 de junho de 2015) e Suzanne Mustacich, "Wines of War", *Wine Spectator* (11 de novembro de 2014).

5. Heskett e Butler, *Divine Vintage*, p. 160.

6. Heskett e Butler, *Divine Vintage*, p. 155. Escrevi sobre os elementos culturais do domínio colonial francês no meu livro *Globaloney*, de 2005.

7. Entre as fontes desta parte do capítulo estão Jamie Goode e Sam Harrop, *Authentic Wine: Toward Natural and Sustainable Winemaking* (Berkeley: University of California Press, 2011); Alice Feiring, "The Iconic Wine List (Natural Style)", *The Feiring Line* (22 de maio de 2013) e "So Château Musar Is Natural", *Wine, Naturally* (23 de novembro de 2010). Muitas das homenagens prestadas a Serge Hochar após a sua morte mencionam sua contribuição ao movimento do vinho natural.

8. Farei em meu próximo livro um relato mais completo do que aprendemos sobre as guerras do vinho na Geórgia.

9. Para uma interessante introdução a essa região vinícola, ver *Uncorking the Caucasus: Wines from Turkey, Armenia, and Georgia*, de Matt Horkey e Charine Tan (Exotic Wine Travel, 2016).

10. Um agradecimento especial a Bartholomew Broadbent por me contar toda a história desse vinho de 1984.

CAPÍTULO 5: ESPANHA

1. Uma excelente discussão sobre a história da indústria vinícola na Argélia pode ser encontrada em Giulio Meloni e Johan Swinnen, "The Rise and Fall of the World's Largest Wine

Exporter — And Its Institutional Legacy", *Journal of Wine Economics* 9:1 (2014), pp. 3-33. Rod Phillips também trata da ascensão e queda da Argélia em *French Wine: A History* (Berkeley: University of California Press, 2016).

2. Meloni e Swinnen, "Rise and Fall", p. 11.

3. Meloni e Swinnen sustentam que as regulamentações de apelação são o verdadeiro legado da indústria vinícola argelina no mundo de hoje.

4. John e Erica Platter, *Africa Uncorked: Travels in Extreme Wine Territory* (South San Francisco: Wine Appreciation Guild, 2002), pp. 33-35.

5. Os dados mencionados aqui foram extraídos do verbete "Rioja" do *Oxford Companion to Wine*, 4ª ed., editado por Jancis Robinson e Julia Harding (Nova York: Oxford University Press, 2015), pp. 614-616.

6. Ver "Vega-Sicilia, a Ribera del Duero Legend", por Luis Gutiérrez, em JancisRobinson.com (30 de janeiro de 2012), www.jancisrobinson.com/articles/vega-sicilia-a-ribera-del-duero-legend (consultado em 24 de setembro de 2015).

7. Gutiérrez, "Vega-Sicilia, a Ribera del Duero Legend".

8. O método italiano também é conhecido como processo Charmat de produção a granel de vinhos espumantes.

CAPÍTULO 6: PORTUGAL

1. Essa seção se baseia no artigo sobre vinho do Porto do *Oxford Companion to Wine*, 3ª ed., editado por Jancis Robinson (Nova York: Oxford University Press, 2006).

2. Martin Page, *Portugal e a revolução global* (Rio de Janeiro: Nova Fronteira, 2019).

3. David Hancock, *Oceans of Wine: Madeira and the Emergence of American Trade and Taste* (New Haven, CT: Yale University Press, 2009). Historiador eminente, Hancock se interessou pelo assunto ao enfrentar uma temporada de chuva nas férias no Funchal, que pretendia ensolaradas. Sem muita coisa a fazer, visitou as instalações de produção do vinho Madeira e descobriu um tema fascinante para um livro.

4. Escrevi sobre este vinho, que provei duas vezes, no meu livro *Extreme Wine*, de 2013.

CAPÍTULO 7: ENTRE DOIS AMORES

1. Escrevi sobre Lanzarote no primeiro capítulo do meu livro *Extreme Wine*, de 2013, e simplesmente não resisto a incluir aqui essas informações. Esta seção é uma adaptação dessa fonte.

2. Para uma descrição mais completa, ver Jacques Fanet (traduzido do francês por Florence Brutton), *Great Wine Terroirs* (Berkeley: University of California Press, 2004), pp. 226-27.

3. Um agradecimento especial a Gwen e Phil Phibbs por seu excelente trabalho de campo sobre o vinho de Lanzarote.

NOTAS ~ 205

4. *Africa Uncorked: Travels in Extreme Wine Territory*, de John e Erica Platter (São Francisco: The Wine Appreciation Guild, 2002).

5. O blog de Louise Leakey sobre vinhos pode ser encontrado em www.zabibu.org (consultado em 23 de novembro de 2015).

6. O *Financial Times* publicou em sua edição de 20 de novembro de 2015 uma matéria sobre o turismo de luxo desse projeto (www.ft.com/intl/cms/s/0/e56aeb9c8f06-11e5-8be4-3506b-f20cc2b.html#slide0, consultado em 23 de novembro de 2015). As tarifas: tour de cinco dias a partir de US$ 14.188 por pessoa, incluindo uma doação de US$ 3.750 para o Turkana Basin Institute.

7. Clive Cookson, "Lunch with the FT: Richard Leakey", *Financial Times* (5 de dezembro de 2015), www.ft.com/intl/cms/s/0/1ecd7040-99b0-11e5-9228-87e603d47bdc.html (consultado em 5 de dezembro de 2015).

8. Tim James, *Wines of the New South Africa: Tradition and Revolution* (Berkeley: University of California Press, 2013), p. 23. O livro de James é uma excelente fonte para quem quiser se informar mais sobre o vinho sul-africano hoje.

9. O nome do Governador Stell está incrustado no da cidade de Stellenbosch, importante centro universitário e vinícola.

10. Você pode ler mais sobre essa experiência no último capítulo do meu livro *Extreme Wine*, publicado em 2013.

11. Se tivesse tomado um caminho diferentes naquele dia, eu poderia ter passado por outra *township* onde há cultivo de uvas e produção de vinho! A BBC News informa sobre a produção em pequena escala da Township Winery em Nyanga-East, perto da Cidade do Cabo. Ver Pumza Fihlani, "Wine Grown in a South African Township", *BBC News* (10 de dezembro de 2015), www.bbc.com/news/world-africa-34592529 (consultado em 10 de dezembro de 2015).

12. Naturalmente, a indústria vinícola sul-africana não pode resolver os problemas do país, mas, como escrevi no último capítulo de *Extreme Wine*, muitas vinícolas estão fazendo o possível para melhorar as atuais condições e as perspectivas futuras dos seus trabalhadores e comunidades.

13. Joubert nos disse que uma das suas vantagens secretas na produção do Chardonnay Rupert & Rothschild era o acesso às maravilhosas uvas da fazenda da sua família em Barrydale.

14. O relato sobre o Four Cousins baseia-se na correspondência com Phillip Retief e na tese de mestrado de Mary-Lyn Foxcroft sobre o vinho do Cabo, "Growing the Consumption of Wine amongst Emerging Market Consumers in South Africa" (janeiro de 2009). A tese de Foxcroft pode ser encontrada em www.capewineacademy.co.za/dissertations/capewinemaster_foxcroft_growing_wine_consumption.pdf (consultado em 27 de novembro de 2015).

15. Foxworth informa que suco concentrado é adicionado a alguns vinhos para torná-los mais suaves e diminuir o teor alcoólico.

206 — A VOLTA AO MUNDO EM 80 VINHOS

16. O *Platter's Guide* de 2014 considera o tinto seco Four Cousins "encantadoramente rústico", perfeito para um braai (o típico e popularíssimo churrasco sul-africano). O Sauvignon Blanc espumante foi especialmente elogiado.

CAPÍTULO 8: ÍNDIA E ALÉM

1. Jancis Robinson, "New Latitude Wines" (31 de maio de 2004), www.jancisrobinson.com/articles/new-latitude-wines (consultado em 21 de dezembro de 2015).

2. Partes desta seção são adaptadas do meu livro *Extreme Wine*, de 2013, e de "Sababay Wines of Bali: New Latitudes, New Flavors, New Frontiers", de Ali Hoover, publicado em WineEconomist.com em 26 de agosto de 2014, www.wineeconomist.com/2014/08/26/sababay (consultado em 21 de dezembro de 2015).

3. Tudo bem, vá lá que eu soubesse, já que o poder de mudança social do vinho foi tema do último capítulo do meu livro *Money, Taste, and Wine: It's Complicated!*, publicado em 2015.

4. "Malaga Blanc" in Jancis Robinson, Julia Harding e José Vouillamoz, *Wine Grapes* (Nova York: Ecco/HarperCollins, 2012), p. 568.

5. Algumas partes desta seção foram adaptadas e revistas do meu livro *Extreme Wine*, publicado em 2013.

6. Dois excelentes perfis da Sula e de Rajeev Samant são Erica Berenstein, "Turning India on to Wine", *Wine-Searcher.com* (29 de outubro de 2012), www.wine-searcher.com/m/2012/10/sula-vineyards-turning-india-on-to-wine (consultado em 26 de dezembro de 2015), e Marguerite Rigoglioso, "The Mondavi of Mumbai", *Stanford Magazine* (janeiro/fevereiro de 2004), www.alumni.stanford.edu/get/page/magazine/article/?article_id=36274 (consultado em 26 de dezembro de 2015).

7. Na verdade, as uvas Thompson Seedless são uma variedade com três usos: uvas frescas de mesa, uvas-passas ou esmagadas para transformação em vinhos de mesa perfeitamente consumíveis, embora sem sofisticação.

8. Anand Narasimhan e Aparna M. Dogra, "Case Study: Developing Indians' Taste for Wine", *Financial Times* (5 de dezembro de 2011), www.ft.com/intl/cms/s/0/477c27f0-04ab-11e1-91d-9-00144feabdc0.html#axzz3vTGApGdu (consultado em 26 de dezembro de 2015).

CAPÍTULO 9: XANGRI-LÁ

1. James Hilton, *Horizonte perdido* (Rio de Janeiro: Nova Alexandria, 2019). Por sinal, a referência ao marajá de Chandrapur é muito inteligente. Chandrapur é um lugar fictício no romance *Passagem para a Índia*, de E. M. Forster.

2. Fontes fundamentais usadas nesta seção são *Thirsty Dragon: China's Lust for Bordeaux and the Threat to the World's Best Wines*, de Suzanne Mustacich (Nova York: Henry Holt, 2015), "The

Vineyards of Shangri-La", por Jane Anson, in *Decanter* (setembro de 2015), pp. 28-33, e "Winemaking in Shangri-La", por Jim Boyce, na edição de fevereiro de 2016 do *Meininger's Wine Business International*, pp. 38-40.

3. Em virtude de um acordo formalizado na época da fusão, a empresa passou a ser denominada Möet Hennessy Louis Vuitton, mas com as iniciais LVMH. Vai entender.

4. David Roach e Warwick Ross, *Red Obsession* (Lion Rock Films, 2013).

5. Esta honra talvez caiba a Wuha, cerca de cento e sessenta quilômetros Mongólia Interior adentro, à beira do Deserto de Gobi, onde uma vinícola chamada Château Hansen produz vinhos premiados. Ver Andrew Rose, "Chateau Hansen: Welcome to the Gobi Desert", *Decanter. com* (1º de maio de 2014), www.decanter.com/features/chateau-hansen-welcome-to-the--gobi-desert-245923 (consultado em 8 de janeiro de 2016).

6. Jancis Robinson visitou Ningxia em 2012. Seus informativos relatos podem ser encontrados em seu site por assinatura *JancisRobinson.com*, www.jancisrobinson.com/articles/chinas-most--promising-wine-province (consultado em 8 de janeiro de 2016).

7. Minha experiência com o vinho de Changyu difere um pouco da de Sun Yat-sen. Como escrevi em *Wine Wars*, minha primeira experiência com vinhos Changyu (ou chineses em geral) aconteceu há alguns anos, quando Brian West me trouxe uma garrafa do Cabernet Sauvignon Changyu 1999 ao retornar de um semestre em Pequim. Eu o provei em uma festa de alunos meus de apreciação de vinhos para comemorar o fim do semestre, e o Changyu foi a estrela da noite, por seu caráter peculiar. O aroma, segundo um comentário de degustação que encontrei na internet, era de cinzeiro, borra de café e restos de urina. E era mesmo! Havia bons motivos para variações na qualidade, escrevi, pois a cadeia de abastecimento era muito fragmentada e as expectativas dos consumidores, baixas. E havia ainda o lugar, pois o clima e a proximidade do Mar Amarelo significavam umidade e vulnerabilidade a fungos e doenças fúngicas.

8. Ver "Moët's Chinese Wine 'A Logistical Nightmare'", por Patrick Schmidt, *The Drinks Business* (junho de 2016), disponível em www.thedrinksbusiness.com/2016/060moets-chine-se-wine-a-logistical-nightmare (consultado em 8 de junho de 2016).

CAPÍTULO 10: AUSTRÁLIA

1. As linhas mestras da história da Penfolds e Grange podem ser encontradas no site da empresa: www.penfolds.com/en-us/heritage-and-winemaking/the-story-of-grange (consultado em 4 de março de 2016). Fiquei particularmente impressionado com o vídeo produzido para contar a história do vinho, com música especialmente composta e narração de Russell Crowe!

208 ∼ **A VOLTA AO MUNDO EM 80 VINHOS**

2. Hoje em dia, o vinho do Porto só pode vir de Portugal e o xerez, da Espanha, de acordo com as normas modernas de atribuição de nomes, embora certas exceções sejam encontradas. Assim, um dos vinhos espumantes americanos que conquistaram o direito de se chamar Champagne também é um dos mais baratos: o Cook's California Champagne.

3. Pudemos degustar safras de 1949, 1921 e 1913 desses vinhos em nossa visita à histórica vinícola de Seppeltsfield, e ficamos impressionadíssimos.

4. Robert Geddes, *Australian Wine Vintages 2014* (Austrália: Geddes A Drink Publications, 2013), p. 48.

5. Minha análise do Henschke e do Hill of Grace se baseia em Graeme Lofts, *Heart & Soul: Australia's First Families of Wine* (Melbourne: John Wiley & Sons Australia, 2010).

6. Escrevi em *Extreme Wine* sobre os ciclos de expansão e retração (*boom and bust*) da história do vinho na Austrália.

7. Esta seção é adaptada de várias colunas publicadas em *The Wine Economist,* em 2015.

8. "Impact Seminar Snapshot: Treasury Wine's Clarke on the Globalization of Winemaking", *Shanken News Daily*, 25 de março de 2015, www.shankennewsdaily.com/index.php/2015/ 03/25/12004/impact-seminar-snapshot-treasury-wines-clarke-on-the-globalization-of-wine- -marketing (consultado em 7 de março de 2016).

9. A história da Southcorp baseia-se em análises encontradas em FundingUniverse.com, www. fundinguniverse.com/company-histories/southcorp-limited-history (consultado em 6 de março de 2016).

CAPÍTULO 11: TASMÂNIA

1. Também nos hospedamos com plantadores no Vale de Barossa: Blickenstall Barossa Valley Retreat, em Rifle Range Road, Tanunda.

2. Stephen Brook, "Best Pinot Noir Wines Outside of Burgundy", *Decanter.com*, www.decanter. com/wine-reviews-tastings/best-pinot-noir-wines-outside-burgundy-296918 (consultado em 4 de abril de 2016).

3. Robert Hill Smith, da Yalumba, e Janz e Michael Hill Smith, da Shaw+Smith e da Tolpuddle, são irmãos.

4. Neil Beckett (editor), *1001 vinhos para beber antes de morrer* (Rio de Janeiro: Sextante, 2011).

5. Ver Gregory V. Jones, "Climate, Grapes and Wine: Structure and Suitability in a Changing Climate", *Proceedings of the XXVIIIth Congress on Viticulture & Climate* 2012, pp. 19-28.

6. Jancis Robinson, "English Sparkling Wine", *Financial Times* (3 de março de 2016), www. ft.com/intl/cms/s/2/cd022df2-e0c5-11e5-8d9b-e88a2a889797.html (consultado em 4 de abril de 2016).

7. A. Nesbit et al., "Impact of Recent Climatic Change and Weather Variability on the Viability of UK Viticulture —Combining Weather and Climate Records with UK Producers' Perspectives". *Australian Journal of Grape and Wine Research* (2016), pp. 1-12.

8. "Tasmania Charts a New Course: Water into Wine". *The Economist* (13 de fevereiro de 2016), www.economist.com/news/asia/21692945-island-state-bets-water-revive-its-fortunes-water--wine (consultado em 5 de abril de 2016).

CAPÍTULO 12: CRUZEIRO DO SUL

1. "Southern Cross" foi composta por Stephen Stills e Rick e Michael Curtis.

2. Escrevi sobre a história do vinho na Nova Zelândia no Capítulo 4 do meu livro *Wine Wars*, de 2011. Sue e eu visitamos Kerikeri e vimos desenhos antigos da paisagem nitidamente mostrando o vinhedo.

3. Dados da produção vinícola mundial em 2015 compilados pela OIV. Ver www.oiv.int/public/medias/2256/en-communique-de-presse-octobre-2015.pdf (consultado em 8 de abril de 2016).

4. O Chile voltou ao mercado mundial com a mesma reputação do passado. Vinhos bons a preços acessíveis. O que é tanto uma vantagem como uma desvantagem, pois é melhor ser conhecido por um produto de boa qualidade do que de má qualidade, mas creio que os produtores chilenos gostariam de ser conhecidos por seus vinhos mais finos, além dos de preços relativamente baixos. É um terreno em que a Nova Zelândia levava vantagem sobre o Chile. Os vinhos da Nova Zelândia eram basicamente desconhecidos no mercado mundial até aparecerem na década de 1970 a preços altos. Os vinhos chilenos estavam presos a uma categorização preexistente. Os vinhos propriamente melhoraram e se tornaram mais interessantes ano após ano, à medida que os diferentes *terroirs* locais eram explorados.

5. Você encontra o comunicado de imprensa anunciando a mais pujante marca de vinhos do mundo em www.prnewswire.com/news-releases/concha-y-toro-retains-leadership-as-worlds--most-powerful-wine-brand-300107575.html (consultado em 8 de abril de 2016).

6. Essa ascensão é contada no filme *Boom Varietal: The Rise of Argentina Malbec*, dirigido por Sky Pinnick, 2011.

7. Ver *Vinho argentino*, de Laura Catena (São Paulo: Martins Fontes, 2011), e Ian Mount, *The Vineyard at the End of the World: Maverick Winemakers and the Rebirth of Malbec* (Nova York: Norton, 2011).

CAPÍTULO 13: O TREM DO VINHO DO NAPA VALLEY

1. Essa história foi extraída de Cynthia Sweeney, "Napa Valley Wine Train Adds New Train Tour", *North Bay Business Journal* (23 de maio de 2016), www.northbaybusinessjournal.com/northbay/napacounty/5626654-181/napa-valley-wine-train-quattro-tour (consultado em 23 de maio de 2016).

210 〜 A VOLTA AO MUNDO EM 80 VINHOS

2. Informações sobre as visitas e os preços atuais podem ser encontrados no site do Napa Valley Wine Train: www.winetrain.com (consultado em 23 de maio de 2016).

3. Destination Analysis, Inc., *Napa Valley Visitor Industry: 2014 Economic Impact Report*. Visit Napa Valley, 2015. Disponível online em www.sodacanyonroad.org/docs/Napa%20Valley%202014%20 Economic%20Impact%20Report.pdf (consultado em 23 de maio de 2016).

4. Ver o site Napa Vision 2050 para informações de contexto e atuais: www.napavision2050. org/about.php (consultado em 21 de junho de 2016).

5. Paul Franson, "Top Local Wine Stories of 2015", *Napa Valley Register* (31 de dezembro de 2015), www.napavalleyregister.com/lifestyles/food-and-cooking/wine/columnists/paul-franson/ top-local-wine-stories-of/article_ac35abd0-8ed4-510c-a8c9-5a6cfef1663d.html (consultado em 24 de maio de 2015).

6. Paul Franson, "Two Billion-Buck Chuck", *Wines & Vines* (26 de janeiro de 2016), www. winesandvines.com/template.cfm?section=news&content=163823 (consultado em 24 de maio de 2016).

7. Richard G. Peterson, *The Winemaker* (Meadowlark Publishing: 2015), pp. 359- 61.

8. Esta vinícola também tem um significado pessoal para mim: foi onde teve início minha carreira como economista do vinho. Escrevi a seu respeito (sem mencionar nomes) no primeiro capítulo de *Wine Wars*.

CAPÍTULO 14: UM ENCONTRO DOS RIESLING

1. Escrevi sobre o IPNC no capítulo "Extreme Wine People" do meu livro *Extreme Wine*, publicado em 2013, no qual você encontrará mais informações. Eu fazia parte do corpo docente da "Universidade do Pinot", e esse capítulo dá uma boa ideia dessa experiência.

2. Você pode ter uma ideia de quem é Terry Theise e de sua intensa personalidade lendo o seu livro *Reading Between the Wines* (Berkeley: University of California Press, 2010).

3. Jamie Goode foi editor de material científico e hoje escreve sobre vinhos de uma perspectiva científica. Sua avaliação das limitações dos dados analíticos para entender o paladar do Riesling pode ser encontrada em seu blog: www.wineanorak.com/wineblog/wine-science/ riesling-rendezvous-why-analytical-data-dont-tell-us-much-about-the-taste-of-riesling (consultado em 25 de julho de 2016).

4. Ver John Winthrop Haeger, *Riesling Rediscovered: Bold, Bright, and Dry* (Berkeley: University of California Press, 2016).

5. Stuart Pigott, *Best White Wine on Earth: The Riesling Story* (Nova York: Abrams, 2014).

6. Ver Jancis Robinson, "Kabinett Under Threat", JancisRobinson.com (10 de junho de 2008), www.jancisrobinson.com/articles/kabinett-under-threat (consultado em 27 de maio de 2016).

NOTAS ～ 211

7. Ver o meu livro *Globaloney*, de 2005 (Rowman & Littlefield), para uma análise de histórias da globalização.

CAPÍTULO 15: A CORRIDA DA BALA DE CANHÃO

1. O nome do evento é uma referência a Erwin George "Cannon Ball" Baker, que inaugurou esse percurso em 1933. Em seu Graham-Paige Blue Streak 8, modelo 57, ele concluiu o percurso em 53 horas e 30 minutos.

2. Só para constar, o Google Maps aparentemente acredita que é possível dirigir de Nova York a Los Angeles, pela Interestadual 80, em cerca de 41 horas (se não houvesse semáforos, claro). Boa sorte!

3. Paul Franson, "Number of U.S. Wineries Reaches 8,702", *Wine Business Monthly* (fevereiro de 2016), pp. 76-77.

4. A produção de vinhos no Canadá está concentrada em Ontário e na Colúmbia Britânica. O Mississippi é o Estado com menor número de vinícolas, três apenas. O Alasca tem cinco e o Havaí, quatro.

5. Jancis Robinson e Linda Murphy, *American Wine: The Ultimate Companion to the Wines and Wineries of the United States* (Berkeley: University of California Press, 2013).

6. A vinícola L'Ecole 41 fica em Lowden, Washington, que antes se chamava Frenchtown por estar associada a esses caçadores de peles franco-canadenses.

7. Ver Thomas Pinney, *The Makers of American Wine* (Berkeley: University of California Press, 2012). O Capítulo 2 intitula-se "Nicholas Longworth: The Necessary Entrepreneur".

8. Meus amigos da Associação Americana de Economistas do Vinho promoveram uma degustação "Julgamento de Princeton" para comparar vinhos franceses e de Nova Jersey quando se encontraram nesse Estado alguns anos atrás. Nova Jersey ganhou. Agora você está sabendo.

9. Escrevi sobre os Boordy Vineyards em *Wine Wars*.

10. Robinson e Murphy, *American Wine*, p. 7.

Lista de Vinhos

VINHOS POPULARES

- Mouton Cadet Rouge, Bordeaux, França
- Georges Duboeuf Beaujolais Nouveau, Beaujolais, França
- Riunite Lambrusco, Emilia-Romagna, Itália
- Cuvée du Président, Argélia
- Mateus Rosé, Portugal
- Four Cousins Sweet Rosé, África do Sul
- Charles Shaw Chardonnay, Califórnia, EUA
- Tio Pepe Muy Seco Palomino Fino Sherry, Jerez, Espanha

VINHOS NOBRES

- Château Petrus, Bordeaux, França
- Marchesi Antinori Chianti Classico Riserva DOCG, Toscana, Itália
- Château Musar Red, Vale do Bekaa, Líbano
- Vega-Sicilia Unico, Ribera del Duero, Espanha
- Sandeman Vintage Port, Douro, Portugal
- Kanonkop Black Label Pinotage, Stellenbosch, África do Sul
- Penfolds Grange Bin 95 Shiraz, Austrália do Sul, Austrália
- Henschke Hill of Grace Shiraz, Eden Valley, Austrália
- Domaine A Cabernet Sauvignon, Coal River, Tasmânia, Austrália
- Nicolás Catena Zapata Cabernet Sauvignon-Malbec, Mendoza, Argentina
- Jordan Nine Yards Chardonnay, Stellenbosch, África do Sul

214 ~ A VOLTA AO MUNDO EM 80 VINHOS

- Vilafonte Series M, Stellenbosch, África do Sul
- Stark-Condé Three Pines Cabernet Sauvignon, Jonkershoek Valley, Stellenbosch, África do Sul
- Paul Cluver Nine Flags Pinot Noir, Elgin, África do Sul
- Yalumba The Virgilius Viognier, Eden Valley, Austrália
- Yalumba The Signature Shiraz-Cabernet Sauvignon, Barossa Valley, Austrália
- Rockford Basket Press Shiraz, Barossa Valley, Austrália
- Jim Barry The Armagh Shiraz, Clare Valley, Austrália
- Stag's Leap Wine Cellars Cabernet Sauvignon, Napa Valley, Califórnia, EUA
- The Eyrie Vineyards Original Vines Pinot Noir, Dundee Hills, Oregon, EUA
- Corliss Syrah, Columbia Valley, Washington, EUA

VINHOS PARA AQUECER A ALMA

- Taylor Fladgate LBV Port, Douro, Portugal
- Terroir Feely Premier Or, Saussignac, Sudoeste, França
- Château d'Yquem, Sauternes, Bordeaux, França
- Osborne Very Old Rare Pedro Ximénez Viejo Sherry, Jerez, Espanha
- William & Humbert Don Zoilo Pedro Ximénez 12-year-old Sherry, Jerez, Espanha
- Graham's 20-year-old Tawny Port, Douro, Portugal

VINHOS PARA FILÓSOFOS

- Seppeltsfield 100-year-old Para Vintage Tawny, Barossa Valley, Austrália
- 1875 Barbeito Malvasia, Madeira, Portugal
- Venissa Venezia, Isola di Mazzorbo, Vêneto, Itália
- Rodaro Paolo Romain Refosco, Friuli Colli Orientali, Friuli-Venezia Giulia, Itália
- Silver Heights Family Reserve, China
- Tolpuddle Pinot Noir, Coal River, Tasmânia, Austrália
- Pewsey Vales The Contours Riesling, Eden Valley, Austrália
- Tantalus Old Vines Riesling, Okanagan Valley, Colúmbia Britânia, Canadá
- Gonzalez Byass Finest Dry Palo Cortado 1987 Vintage Sherry, Jerez, Espanha

LISTA DE VINHOS ~ 215

- Mendel Wines Semillon, Mendoza, Argentina
- Robert Mondavi To Kalon Fumé Blanc, Napa Valley, Califórnia, EUA
- L'Ecole 41 Ferguson Vineyard, Walla Walla, Washington, EUA
- Barboursville Vineyards Octagon, Virgínia, EUA
- Didier Dagueneau Silex, Pouilly-Fumé, Loire, França
- Trimbach Riesling Cuvée Frédéric Émile, Alsácia, França
- Château de Beaucastel, Châteauneuf-du-Pape, Rhône, França
- Springfield Estate Méthode Ancienne Cabernet Sauvignon, Robertson, África do Sul

VINHOS PARA OS ROMÂNTICOS

- Maison Joseph Drouhin Chambolle-Musigny Amoreuses, Borgonha, França
- Maeli Estate Fior d'Arancio DOCG, Colli Euganei, Vêneto, Itália
- Broadbent 10-Year Malmsey, Madeira, Portugal
- 2015 Rupert & Rothschild Baroness Nadine Chardonnay, Cabo Ocidental, África do Sul
- Barboursville Vineyards Nebbiolo Reserve, Virgínia, EUA
- Bastianich Calabrone, Friuli-Venezia Giulia, Itália
- Valentina Cubi Morar, Amarone della Valpolicella Classico, Vêneto, Itália
- Cantina Produttori Cormons Vino della Pace, Cormòns, Friuli-Venezia Giulia, Itália
- Quinta do Vesuvio DOC, Douro, Portugal
- Adega Cooperativa de Vidigueira Vila dos Gamas DOC, Alentejo, Portugal
- Bacalhôa Moscatel de Setúbal, Setúbal, Portugal
- Torres Mas La Plana, Penedès, Espanha
- Manzanos Wines Voché Selección Old Vines Graciano, Rioja, Espanha
- Klein Constantia Vin de Constance, Constantia, África do Sul
- Weingut Dönnhoff Niederhäuser Hermannshöle Auslese, Vale do Nahe (Niederhansen), Alemanha
- Reininger Winery Carmenère, Columbia Valley, Washington, EUA
- Corvus Cellars SPS, Red Mountain, Washington, EUA
- Hedges Family Estate Red Mountain, Red Mountain, Washington, EUA
- Dr. Loosen e Château Ste. Michelle Eroica Riesling, Columbia Valley, Washington, EUA

216 ～ **A VOLTA AO MUNDO EM 80 VINHOS**

- Fielding Hills Winery Cabernet Franc, Wahluke Slope, Washington, EUA
- R&G Rolland Galarreta, Rioja, Espanha
- Brancott Estate Sauvignon Blanc, Marlborough, Nova Zelândia
- Concha y Toro Casillero del Diablo Carmenère, Chile

VINHOS PARA AVENTUREIROS

- Domaine de Bargylus Red, Síria
- Colomé Auténtico Malbec, Salta, Argentina
- Sababay Moscato d'Bali, Indonésia
- Monsoon Valley Malaga Blanc/Colombard, Tailândia
- Sula Dindori Reserve Shiraz, Nashik, Índia, e Sula Sauvignon Blanc, Nashik, Índia
- Grace Vineyard Tasya's Reserve Marselan 2012, China
- Durbanville Hills Rhinofields Sauvignon Blanc, Durbanville Hills, África do Sul
- Joubert-Tradauw Syrah, Tradouw Valley, África do Sul
- Vang Dalat Cardinal, Dalat, Vietnã
- Ulupalakua Vineyards Syrah, Maui County, Havaí, EUA
- Hentley Farm The Stray Mongrel, Barossa Valley, Austrália
- Hahndorf Hill Winery Grüner Veltliner, Adelaide Hills, Austrália
- Grace Vineyards Koshu, Japão
- Sandhill One Phantom Creek Vineyard, Okanagan Valley, Colúmbia Britânica, Canadá
- Huston Vineyards Chicken Dinner Red, Snake River Valley, Idaho, EUA
- Callaghan Winery Padres, Elgin, Arizona, EUA
- Shangri-La Winery Ao Yun, China
- Helan Qing Xue's Jiabeilan Cabernet blend, China
- Quartz Reef Pinot Noir, Central Otago, Nova Zelândia
- Iago's Wine Chardakhi, Chinuri, República da Geórgia
- Pheasant's Tears Shavkapito, Kartli, República da Geórgia
- Gotsa Family Wines Saperavi, República da Geórgia
- Alaverdi Monastery Marani Rkatsiteli, República da Geórgia

VINHOS PARA CELEBRAR

- Champagne Pol Roger Cuvée Winston Churchill, Champagne, França
- Carpenè Malvolti Conegliano Valdobbiadene Prosecco Superiore, Vêneto, Itália
- Silvano Follador Valdobbiadene Prosecco Superiore di Cartizze Brut Nature, Vêneto, Itália
- Gran Codorníu Gran Reserva, Catalunha, Espanha
- Freixenet Cordon Negro, Catalunha, Espanha
- Domaine Chandon (Ningxia) Brut Rosé, China
- Nyetimber Classic Cuvée, Sussex, Inglaterra
- Salton Intenso Espumante Brut, Serra Gaúcha, Brasil
- Gruet Winery Grand Rosé, Novo México, EUA

Agradecimentos

Devo agradecer a muitas pessoas pelo apoio, informações e críticas construtivas com que contribuíram, de coração, durante minha pesquisa e a redação (muitas e muitas vezes refeita) deste livro. Aqui vai uma saudação a algumas delas que merecem reconhecimento por qualquer contribuição positiva encontrada nestas páginas, mas que não devem ser responsabilizadas por erros ou absurdos que eu possa ter cometido (e certamente cometi).

Obrigado primeiro que tudo aos leitores, tanto os que leram e reagiram a meus livros anteriores como os do blog Wine Economist. Não há como exagerar acerca da quantidade de boas ideias oferecidas pelos meus leitores e de más ideias que me levaram a eliminar. Um agradecimento especial a Ken Bernsohn por suas brilhantes observações e pelas críticas construtivas. E devo agradecer também a todas as indústrias vinícolas que me convidaram a falar nos mais diferentes pontos dos Estados Unidos e planeta afora, permitindo-me conhecer gente do mundo do vinho, visitar novas regiões vinícolas e saborear vinhos maravilhosos. Obrigado ainda ao meu público, que se mostra paciente e me apoia nessas palestras em que desenvolvo minhas ideias.

É enorme a minha dívida com minha rede global de especialistas da indústria vinícola e meus assistentes de pesquisa "Proctor Street Irregulars", que tão gentilmente disponibilizam seu tempo para responder às minhas perguntas e sugerir as perguntas que eu deveria verdadeiramente estar fazendo. Também sou grato à Universidade de Puget Sound pela oportunidade de ensinar e escrever sobre o mundo do vinho.

Eis aqui algumas pessoas especiais que merecem agradecimentos especiais, a começar por Allan, Holden e PJ Sapp (por compartilharem conosco sua garrafa grande de Château Petrus), Lowell e Dorothy Daun, Ron e Mary Thomas, Phil e Gwen Phibbs, Ken e Rosemary Willman, Randy Miller, Richard Pichler e Bonny Main, Michael e Nancy Morrell.

Obrigado ao professor Luigi Galletto e a todos que conhecemos na Scuola Enologica di Conegliano, a Matteo Bilson em Venissa e a Vincenza Kelly e à equipe nova-iorquina da Italian Trade Commission. Um agradecimento extremo a Bartholomew Broadbent e Marc Hochar, George Piradashvili, Beka Gotsadze, Iago Bitarishvili, John H. Wurdeman V e lembranças a Javier Ruiz de Galaretta. *Obrigado* (em português mesmo) a George Sandeman, Luís Sottomayor, Paul Symington, António Filipe, Antonio Amorim, Carlos de Jesus, Fernando Geddes e Edouardo Medeiro.

Uma saudação a todos os nossos amigos sul-africanos, entre eles Paul Cluver e seu pai, o Dr. Paul Cluver, Carina Gous, Martin Moore e Albert Gerber, Cobus, Meyer e Schalk-Willem Joubert, Danie De Wet, Rico Basson, Johan Krige; Kathy e Gary Jordan, Dalene Steyn, Norma e Mike Ratcliffe e Phillip Retief.

A lista continua: Rajeev Samant, Evy Gozaly, Ali Hoover, Mariam Anderson, Judy Chan, Edouard Cointreau, Pierre Ly, Cynthia Howson, Suzanne Mustacich, Jane Anson, Jean-Guillaume Prats, Brian West. Mais obrigados a Kym Anderson, Diana Phibbs, Robert Hill Smith, Stephen e Pru Henschke, John Duval, Tom Barry, Robert Geddes, Peter Althaus, Greg Jones, Andrés Rosberg, Laura Catena, Anabelle Sielecki e Roberto de la Mota.

Na América do Norte, recebi inspiração de Fred Franzia, Joey Franzia, Kylor Williams, John Williams, Julie Johnson, Patrick Egan, Warren Winiarski, Jean-Charles Boisset, Jim Gordon, Jason Lett, Ted Baseler, Ernst Loosen, Bob Bertheau, David Rosenthal, Lynda Eller, Kirsten Elliott e todo mundo na Château Ste. Michelle Winery. E não posso esquecer Howard Soon, Chuck e Tracy Reininger, Michael e Lauri Corliss, George Matelich, Randal e Jennifer Hopkins, Tom Hedges, Mike e Karen Wade, Robin Wade Hansen, Sumner

AGRADECIMENTOS ~ 221

Erdman, Charlie Hoppes, Eric McKibben, Jean-François-Pellet, Wade Wolfe, Gregg Alger, Jim Thomssen, Steve Rannekleiv, Tom Collins, John Aguirre, Gert e Mike Trbovich, Marty e Megan Clubb, Luca Paschina, Domenico Zonin. Mil obrigados a todos vocês e mil pedidos de desculpas a todos que involuntariamente eu tenha deixado fora da lista. O vinho aproxima as pessoas e eu tive a sorte de conhecer tanta gente talentosa disposta a me ensinar um pouco do que sabem.

Este livro não se fez sozinho. Sou grato pela perícia e o apoio dos profissionais da Rowman & Littlefield que o tornaram possível: a diretora editorial Susan McEachern, a editora de produção Jehanne Schweitzer, o editor de texto Tom Holton, a cópi Wanda Ditch e a revisora Beth Richards.

E, por fim, o maior de todos os agradecimentos (e abraços e beijos também) à minha cúmplice e editora contribuinte em Economia Vinícola, Sue Veseth.

Bibliografia Selecionada

Aqui vão algumas das minhas referências favoritas entre as dezenas de livros que consultei ao escrever *A volta ao mundo em 80 vinhos* (confira a seção Notas para uma relação mais completa). Todos são excepcionais e merecem leitura!

Catena, Laura. *Vinho Argentino*. São Paulo: Martins Fontes, 2012.
D'Agata, Ian. *Native Wine Grapes of Italy*. Berkeley: University of California Press, 2014.
Fabrizio, Gianni, Eleonora Guerini e Marco Sabellico (editores). *Italian Wines 2015*. Nova York: Gambero Rosso, 2014.
Fanet, Jacques. *Les terroirs du vin*. Paris: Hachette, 2008.
Gariglio, Giancarlo e Fabio Giavedoni (editores). *Slow Wine Guide 2014*. Bra, Itália: Slow Food Editore, 2013.
Geddes, Robert. *Australian Wine Vintages 2014*. Adelaide, Austrália: Geddes A Drink Publications, 2013.
Haeger, John Winthrop. *Riesling Rediscovered: Bold, Bright, and Dry*. Berkeley: University of California Press, 2016.
Hancock, David. *Oceans of Wine: Madeira and the Emergence of American Trade and Taste*. New Haven, CT: Yale University Press, 2009.
Heskett, Randall e Joel Butler. *Divine Vintage: Following the Wine Trail from Genesis to the Modern Age*. Nova York: Palgrave Macmillan, 2012.

Hilton, James. *Horizonte perdido*. Rio de Janeiro: Nova Alexandria, 2019.

James, Tim. *Wines of the New South Africa: Tradition and Revolution*. Berkeley: University of California Press, 2013.

Kladstrup, Don e Petie. *Wine and War: The French, the Nazis and the Battle for France's Greatest Treasure*. Nova York: Broadway Books, 2001.

Lofts, Graeme. *Heart and Soul: Australia's First Families of Wine*. Melbourne: John Wiley & Sons Australia, 2010.

Mount, Ian. *The Vineyard at the End of the World: Maverick Winemakers and the Rebirth of Malbec*. Nova York: Norton: 2011.

Mustacich, Suzanne. *Thirsty Dragon: China's Lust for Bordeaux and the Threat to the World's Best Wines*. Nova York: Henry Holt, 2015.

Page, Martin. *A primeira aldeia global: como Portugal mudou o mundo*. Alfragide, Portugal: Casa das Letras, 2002.

Palin, Michael. *Around the World in 80 Days*. Londres: BBC Books, 1989.

Peterson, Richard G. *The Winemaker*. Loch Lomond, CA: Meadowlark Publishing, 2015.

Phillips, Rod. *French Wine: A History*. Berkeley: University of California Press, 2016.

Pigott, Stuart. *Best White Wine on Earth: The Riesling Story*. Nova York: Abrams, 2014.

Pinney, Thomas. *The Makers of American Wine*. Berkeley: University of California Press, 2012.

Pitte, Jean-Robert (tradução inglesa de M. B. DeBoise). *Bordeaux/Burgundy: A Vintage Rivalry*. Berkeley: University of California Press, 2008.

Platter, John e Erica. *Africa Uncorked: Travels in Extreme Wine Territory*. South San Francisco: Wine Appreciation Guild, 2002.

Robinson, Jancis e Linda Murphy. *American Wine: The Ultimate Companion to the Wines and Wineries of the United States*. Berkeley: University of California Press, 2013.

Robinson, Jancis, Julia Harding e José Vouillamoz. *Wine Grapes*. Nova York: HarperCollins Ecco, 2012.

Taber, George. *To Cork or Not to Cork*. Nova York: Scribner, 2007.

Theise, Terry. *Reading Between the Wines*. Berkeley: University of California Press, 2010.

Verne, Júlio. *A volta ao mundo em 80 dias*. Em domínio público.